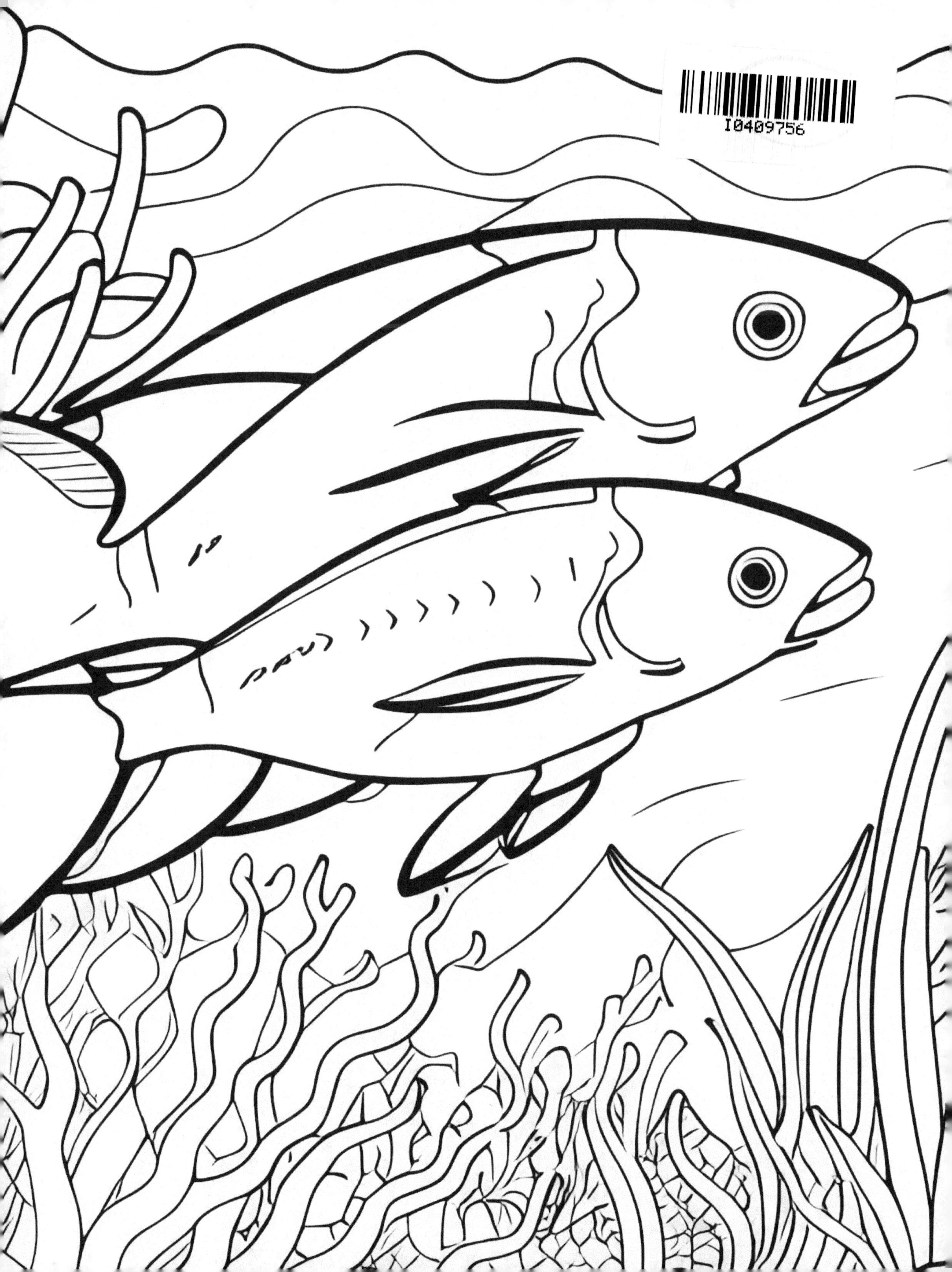

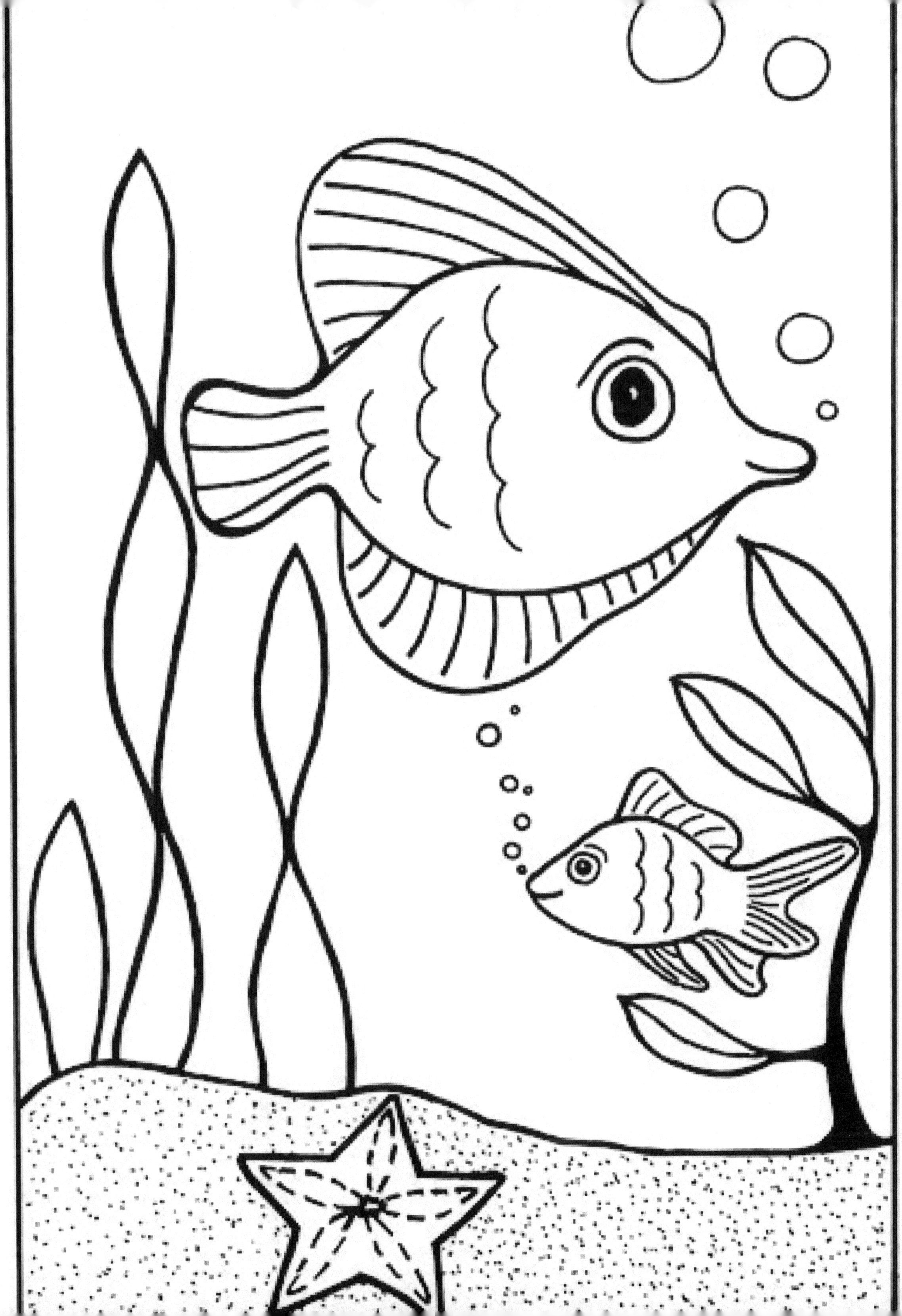

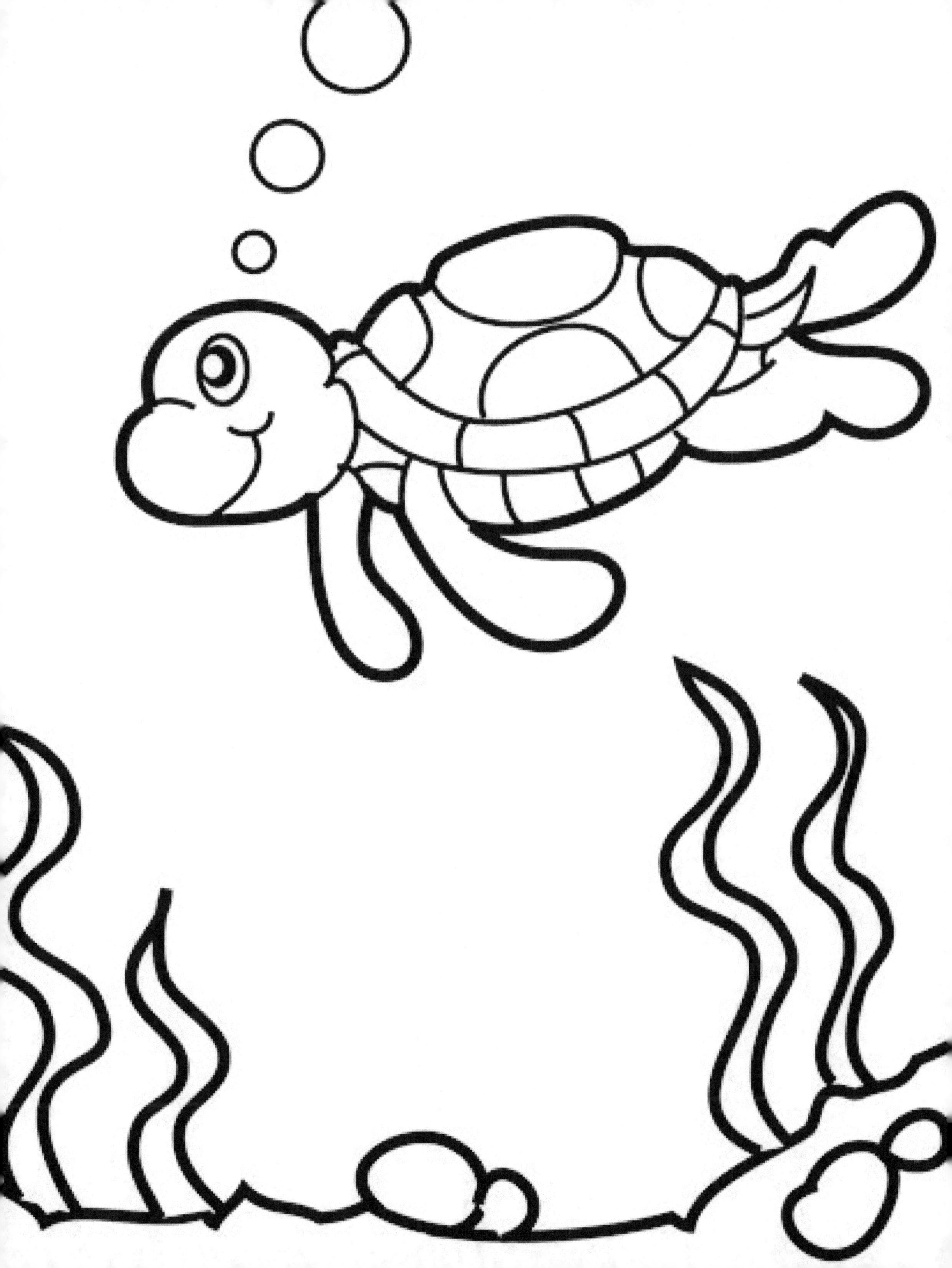

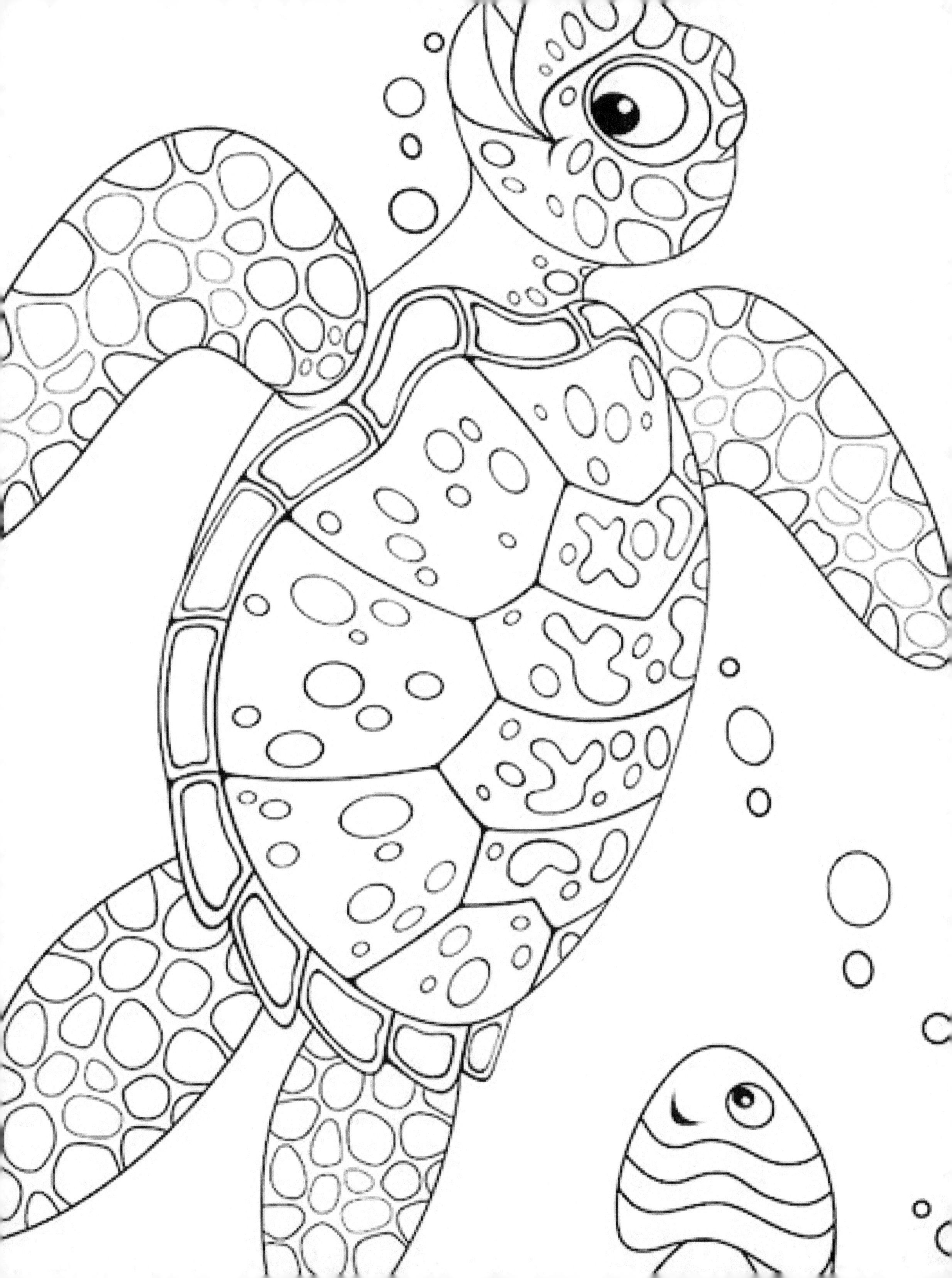

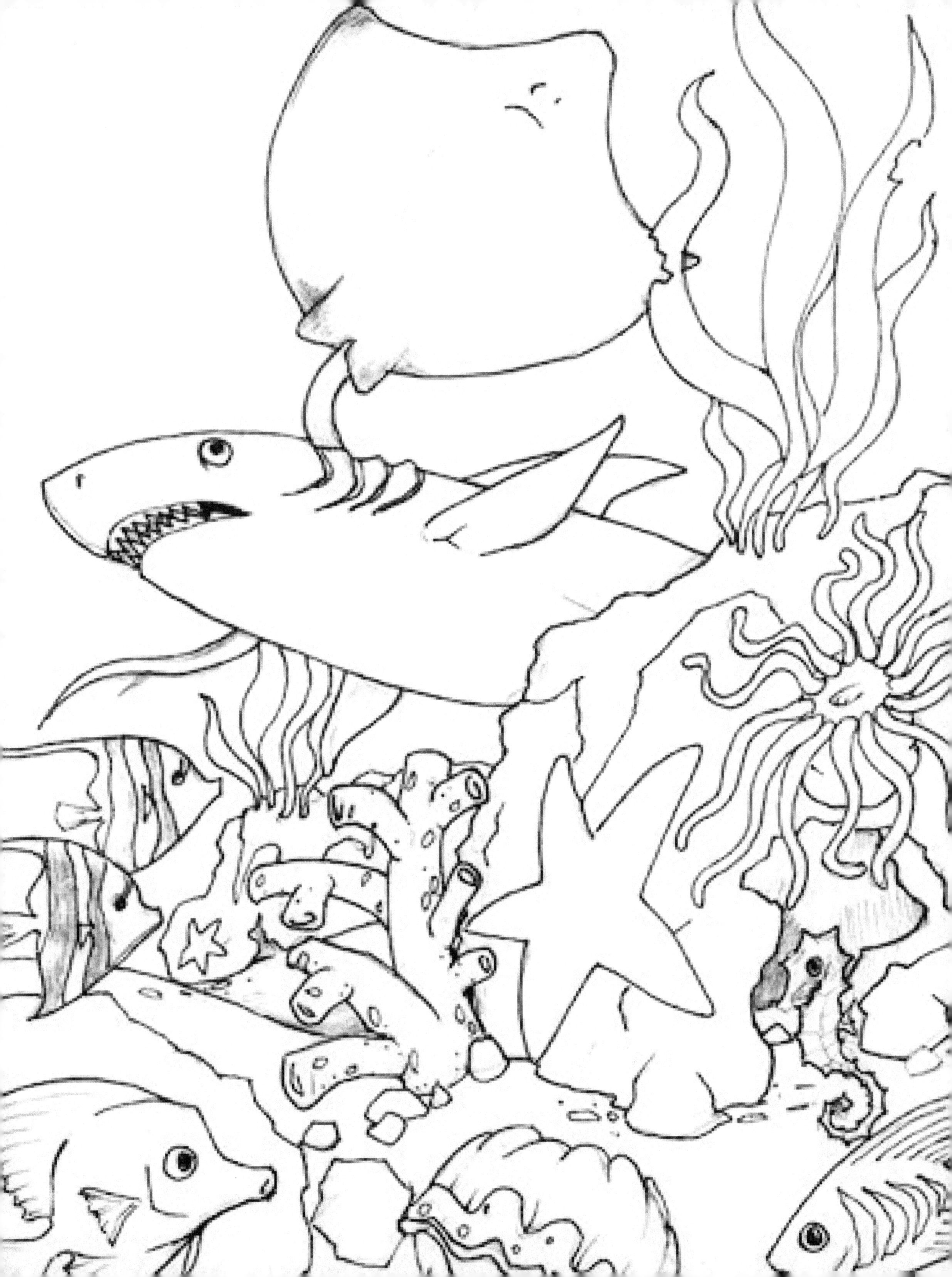

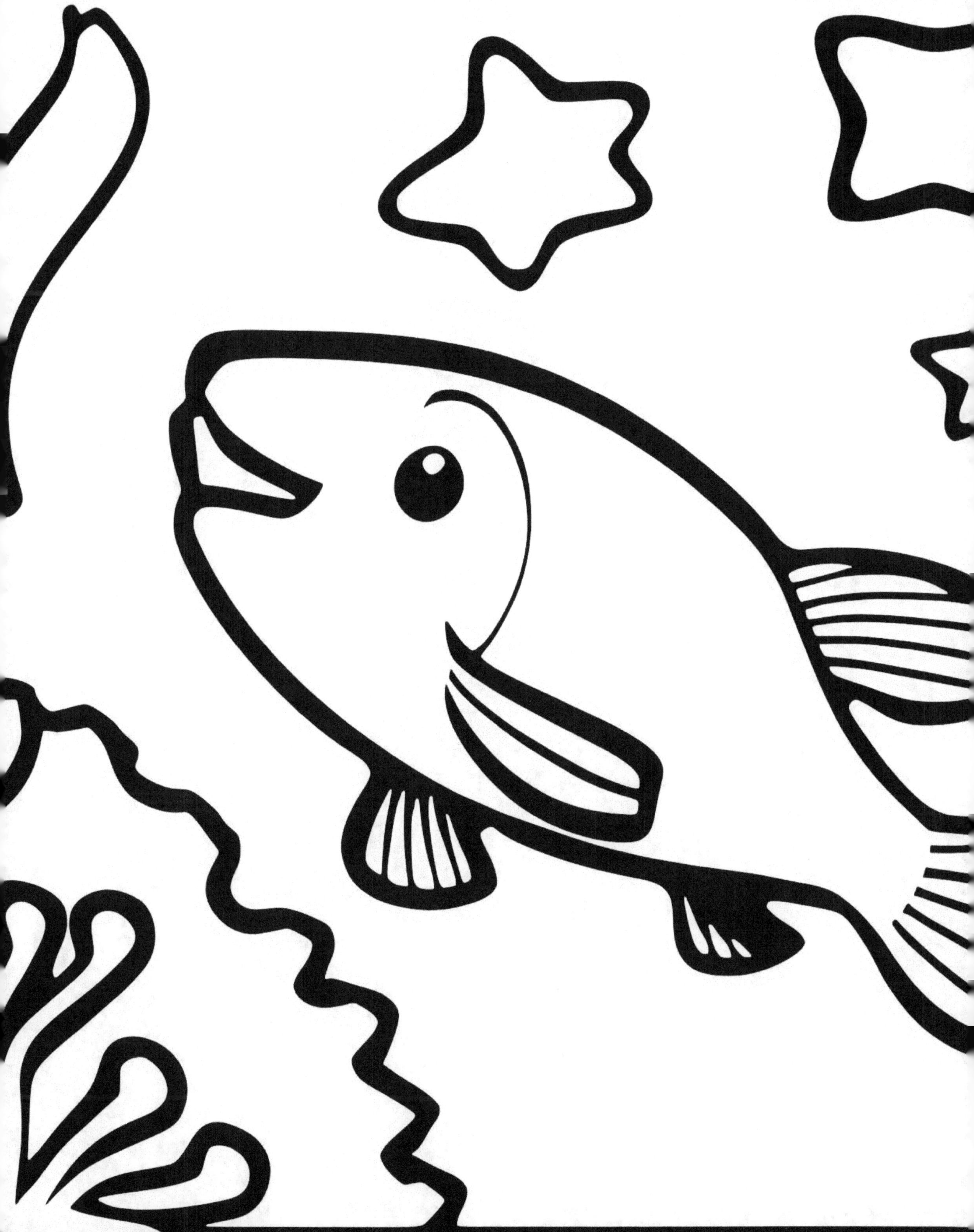

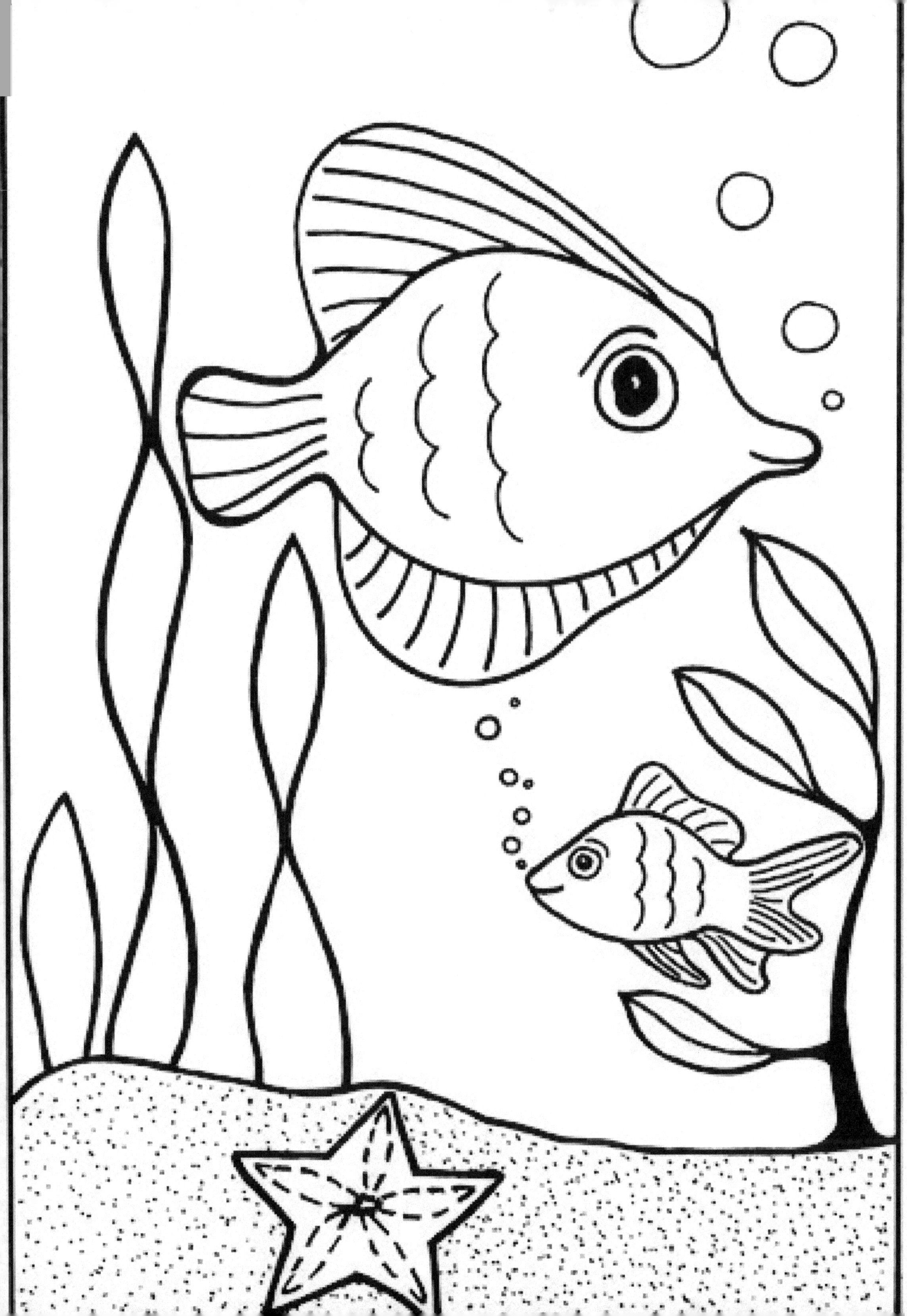

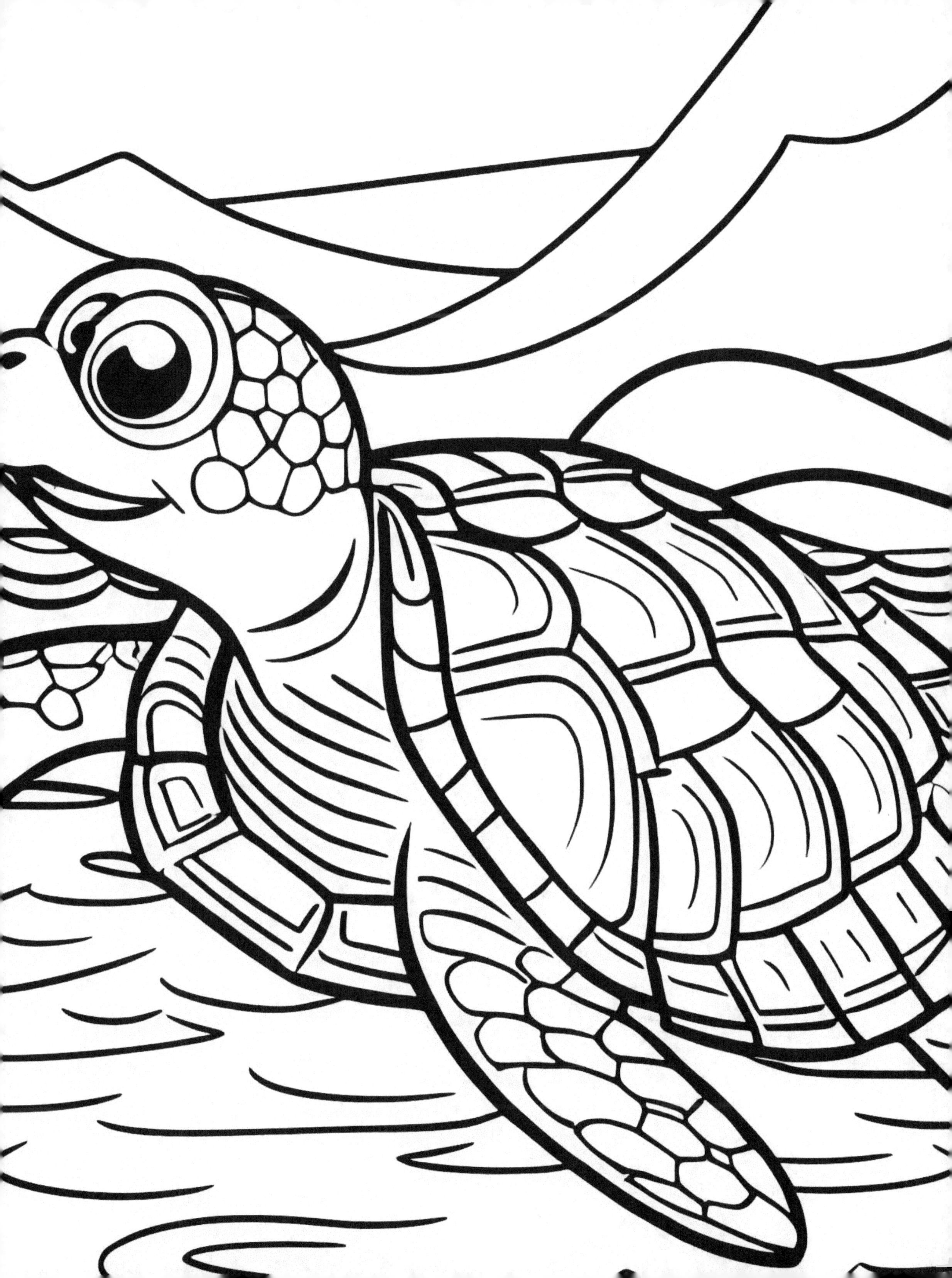

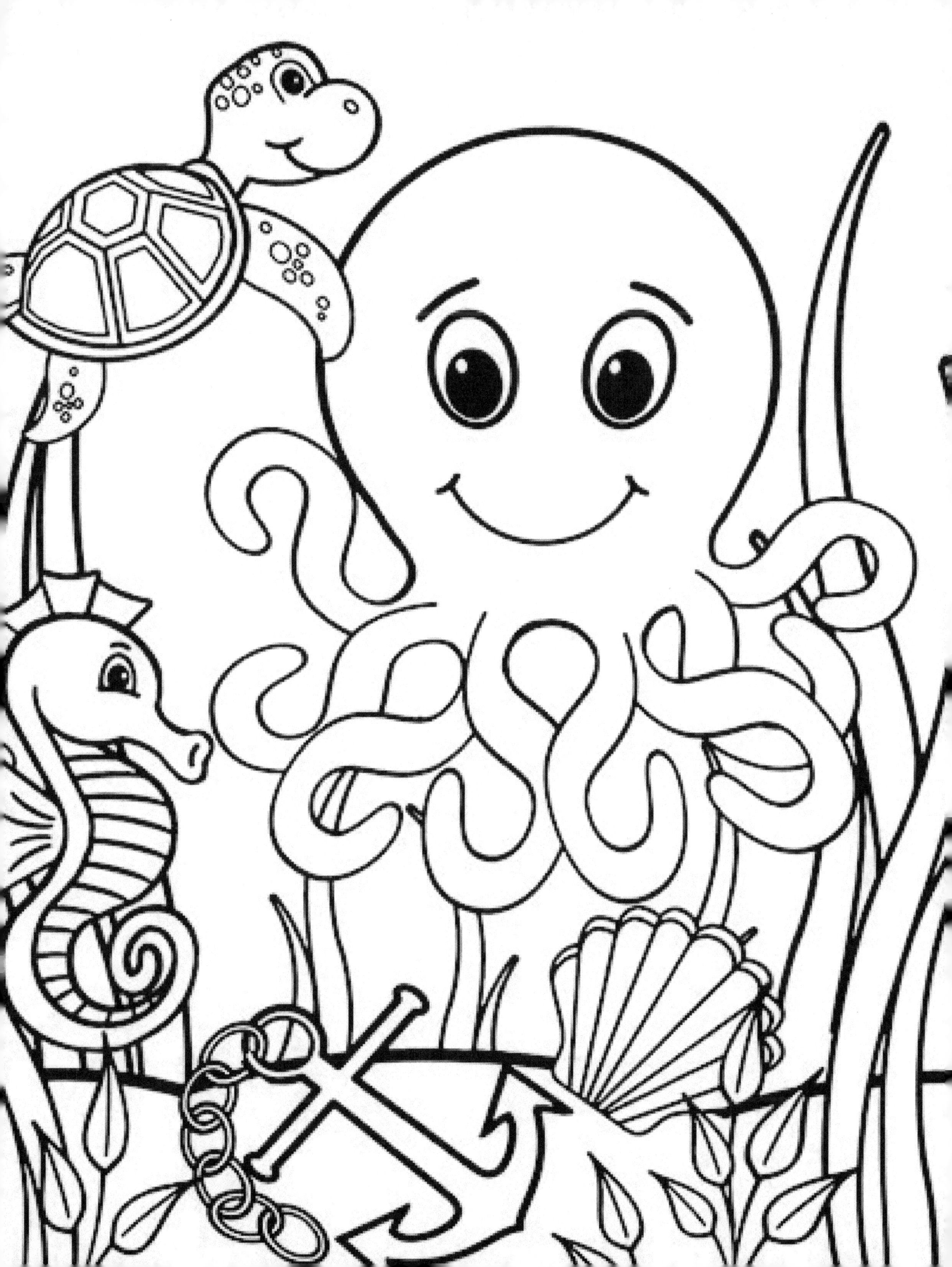

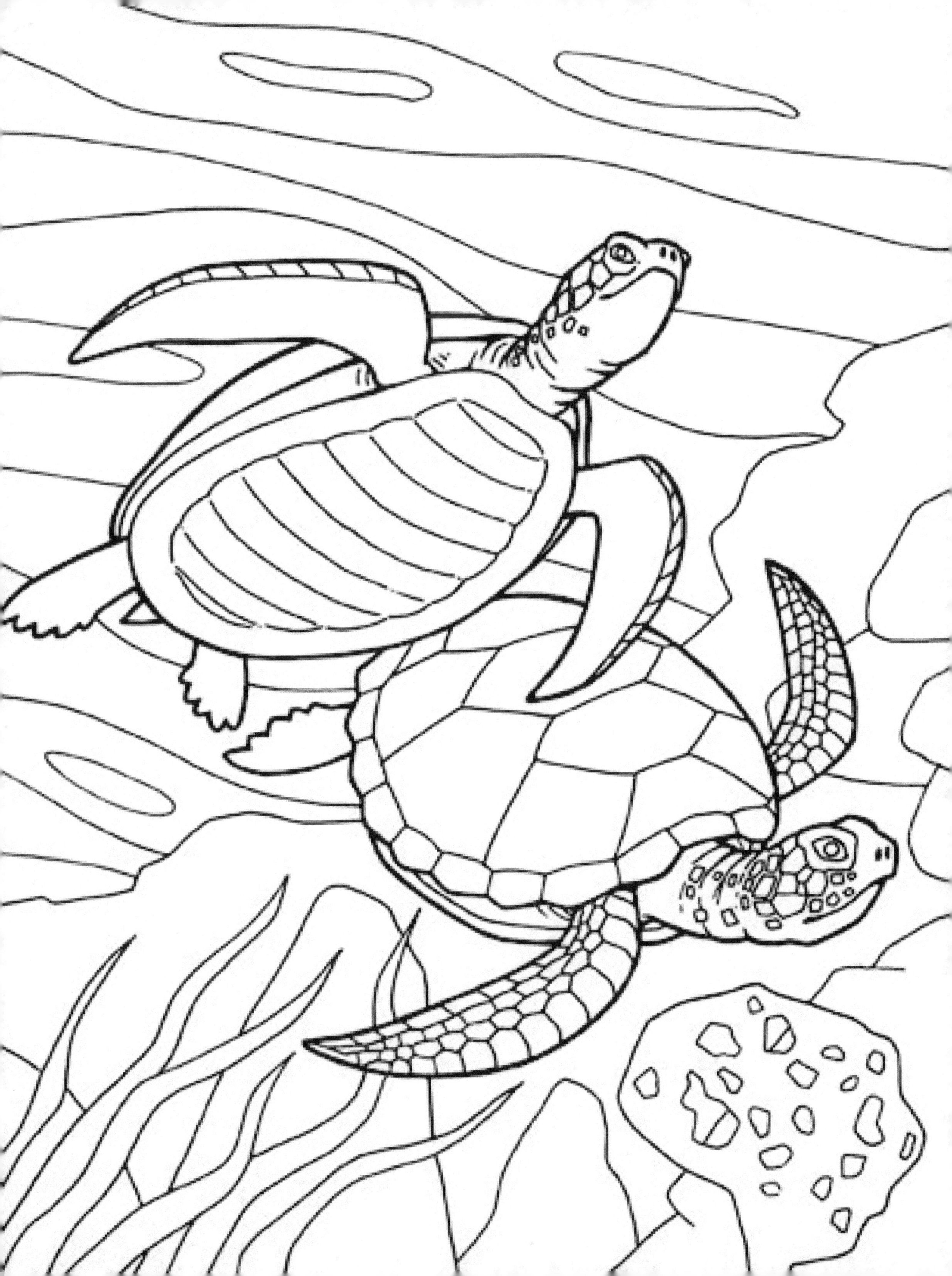

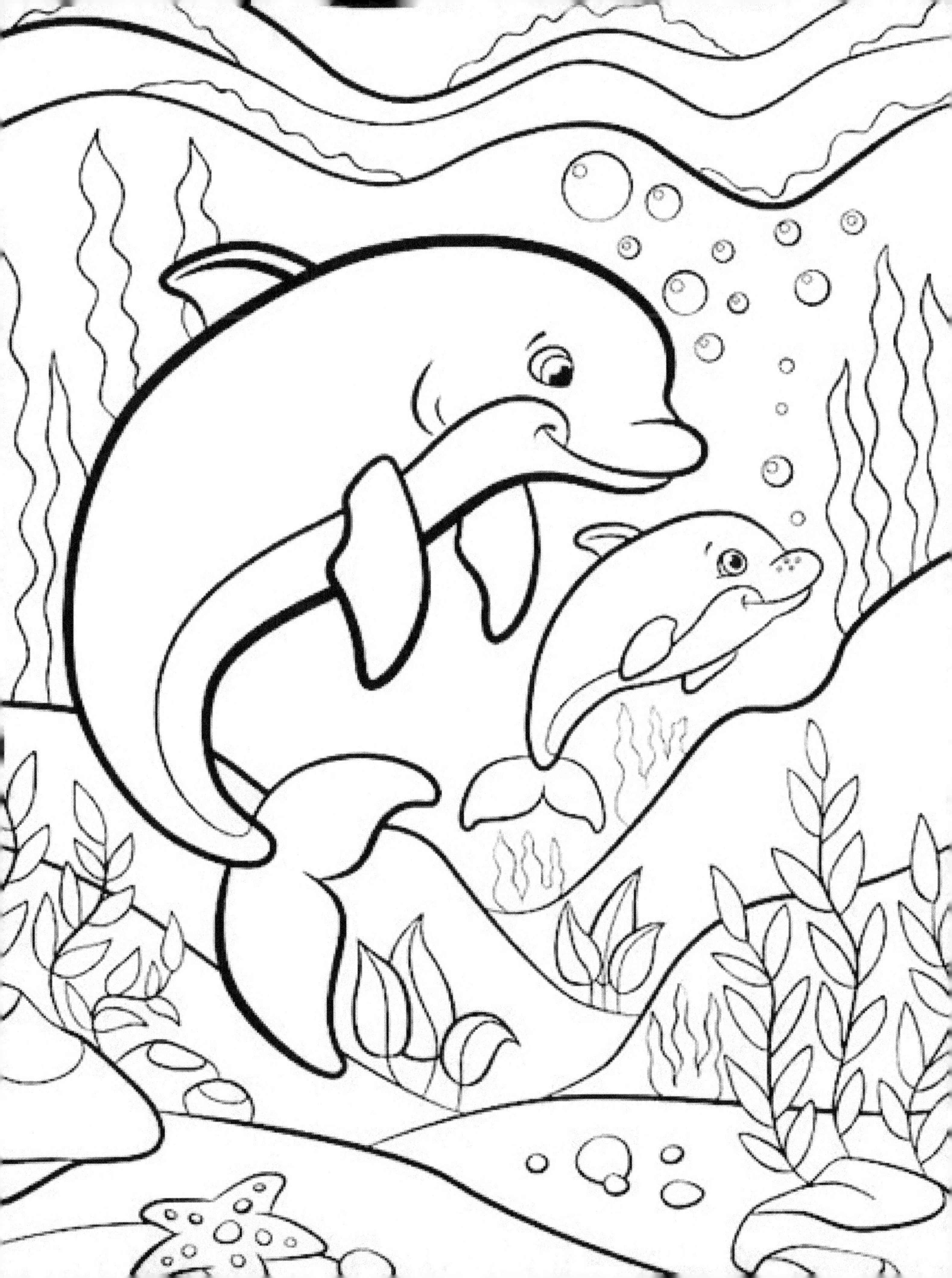

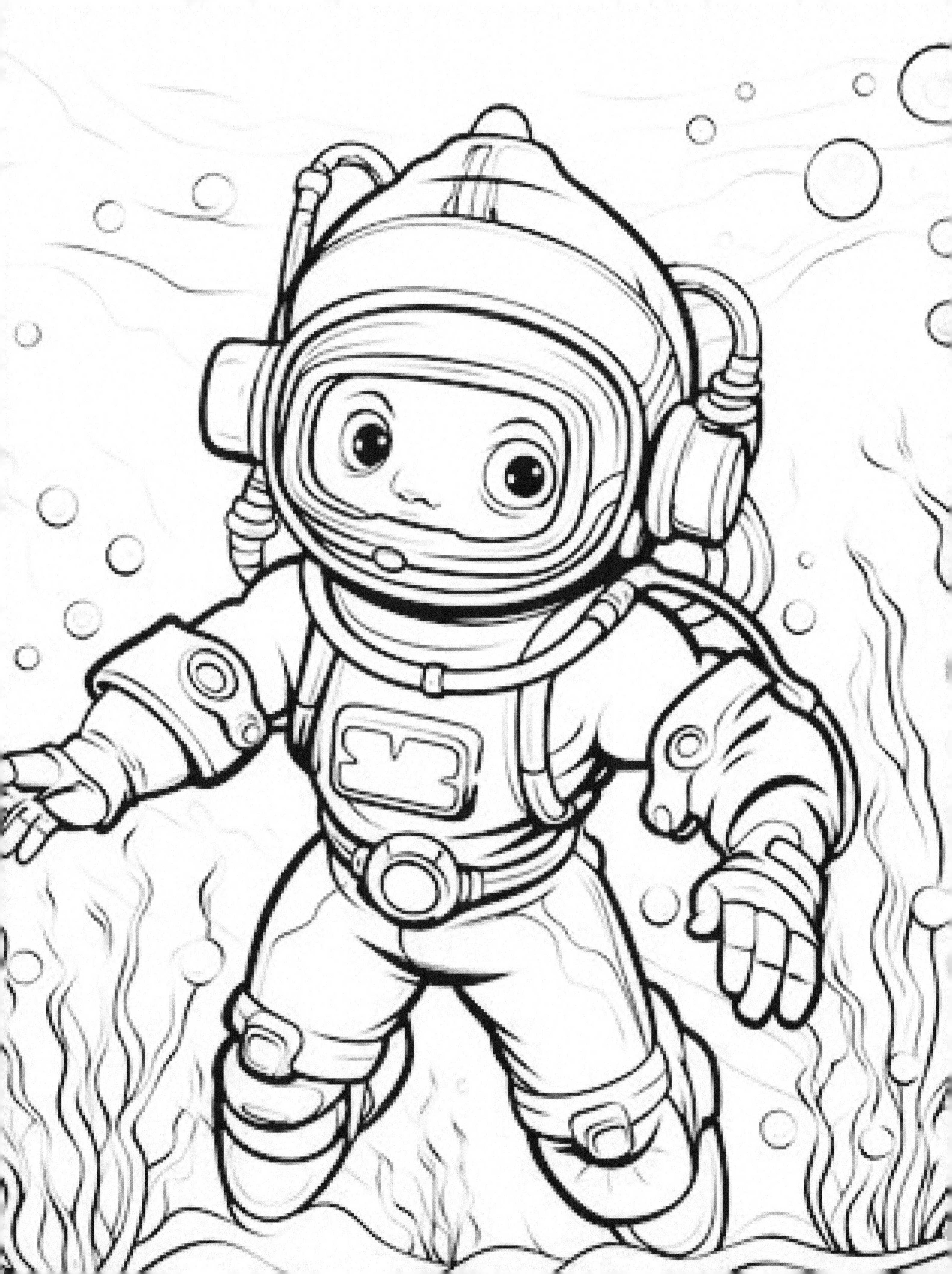

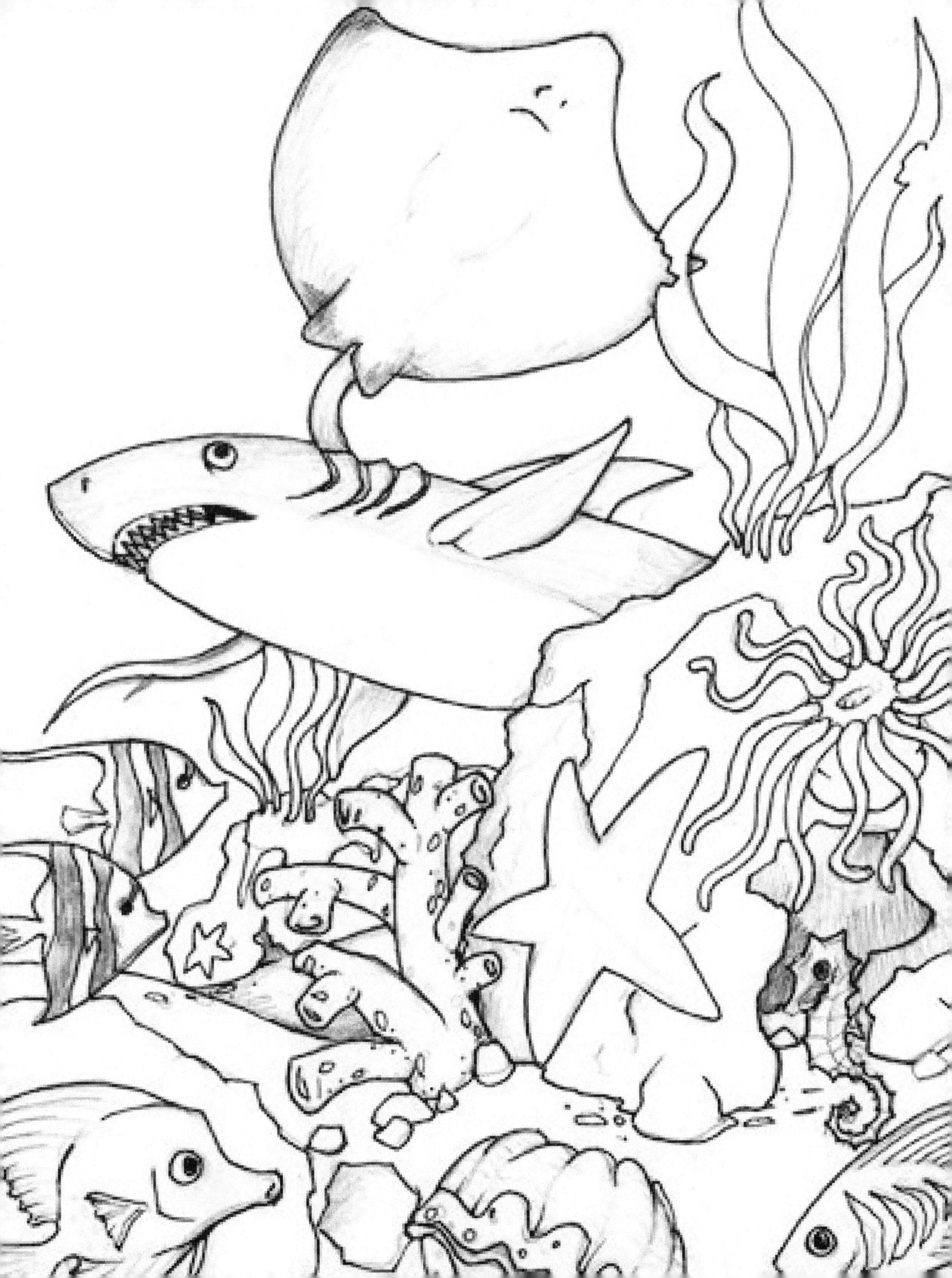

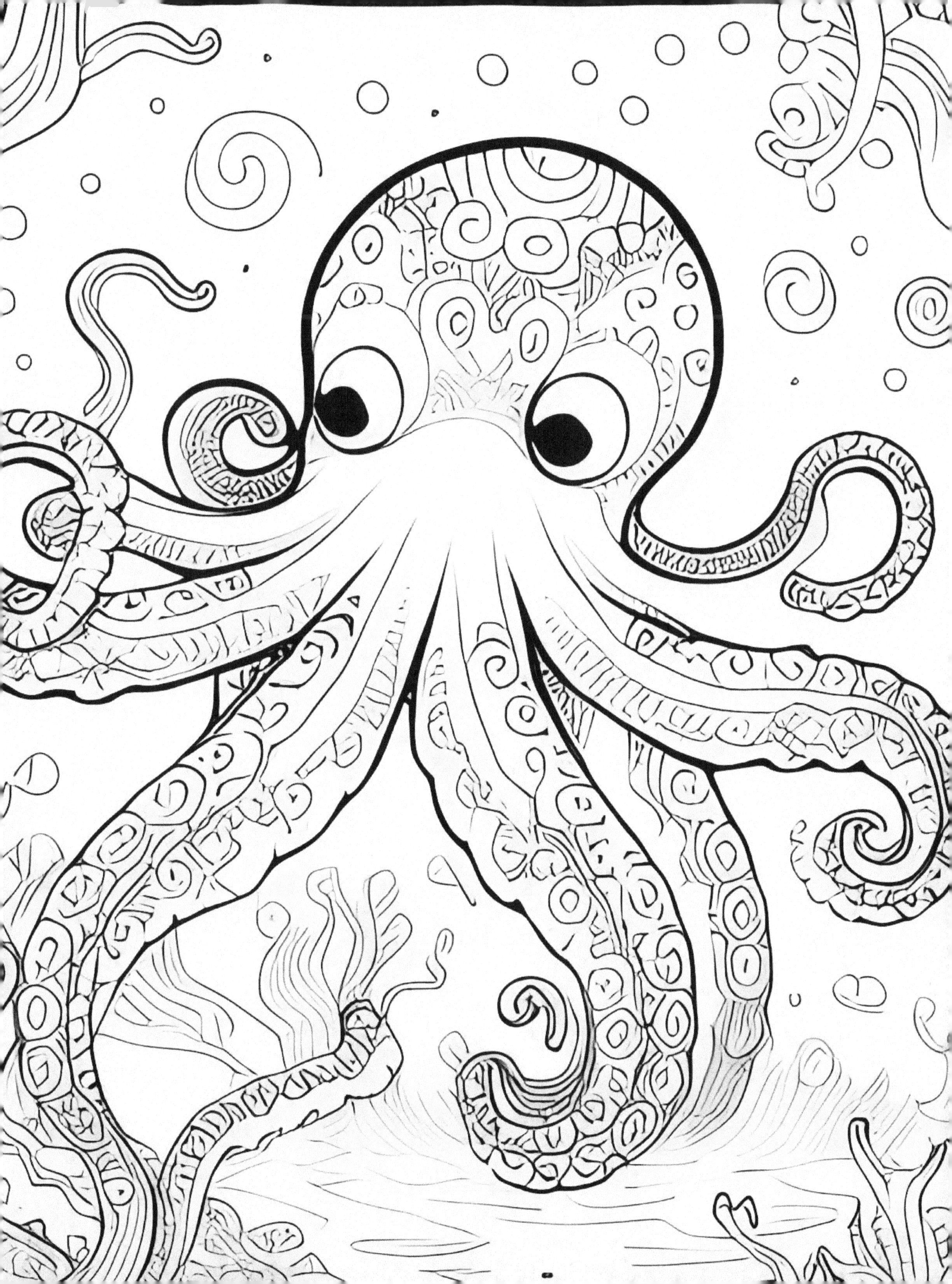

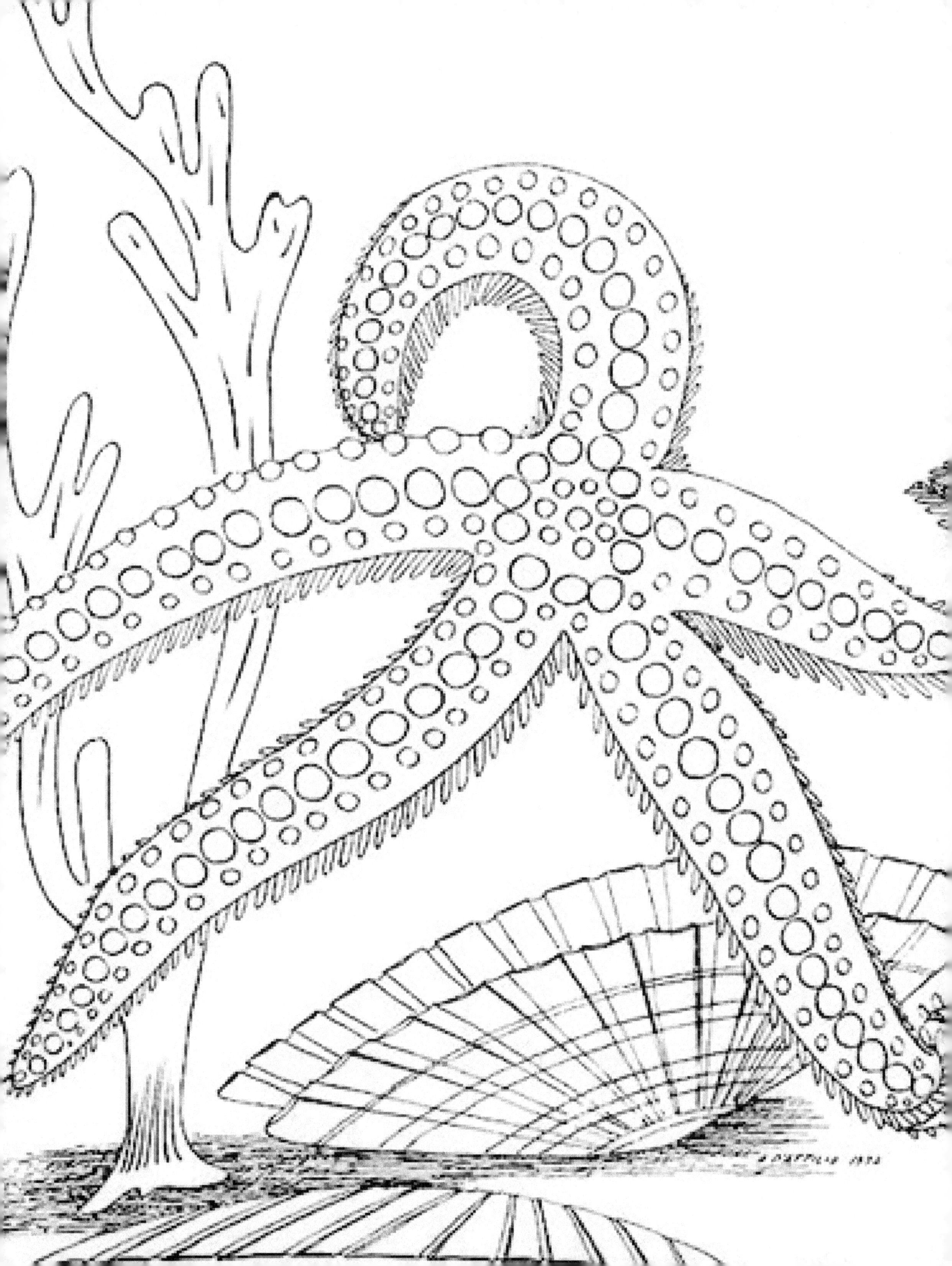

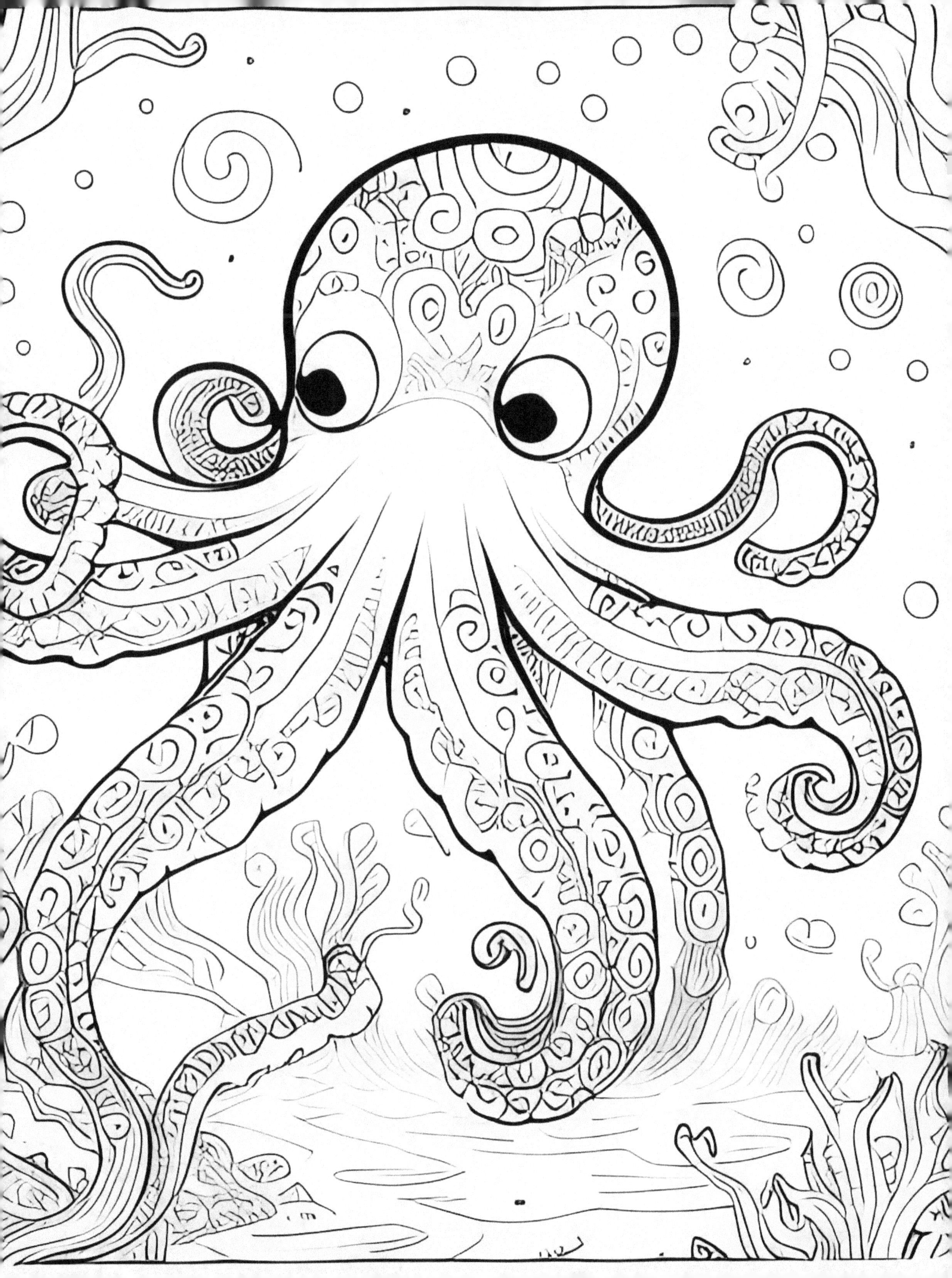

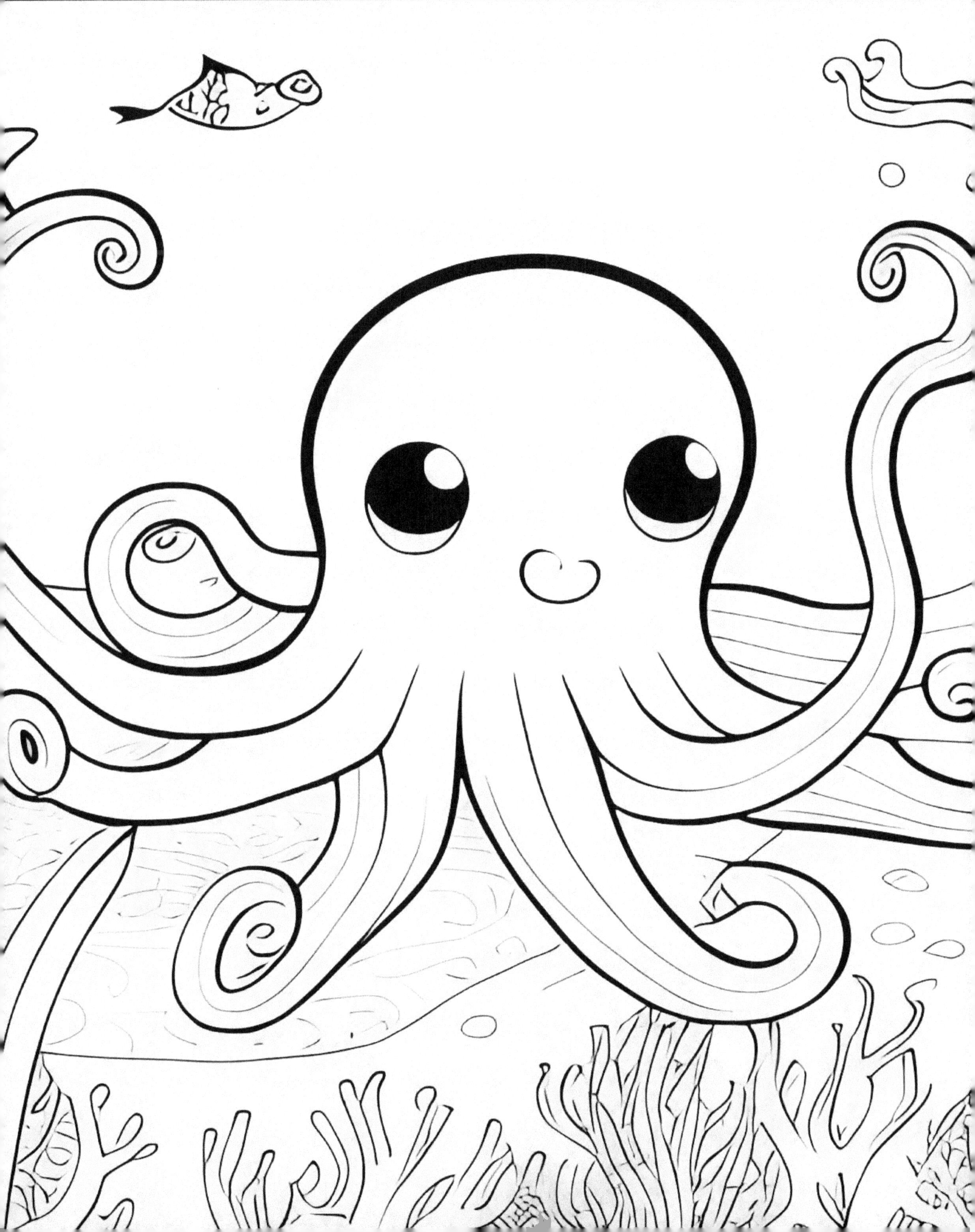

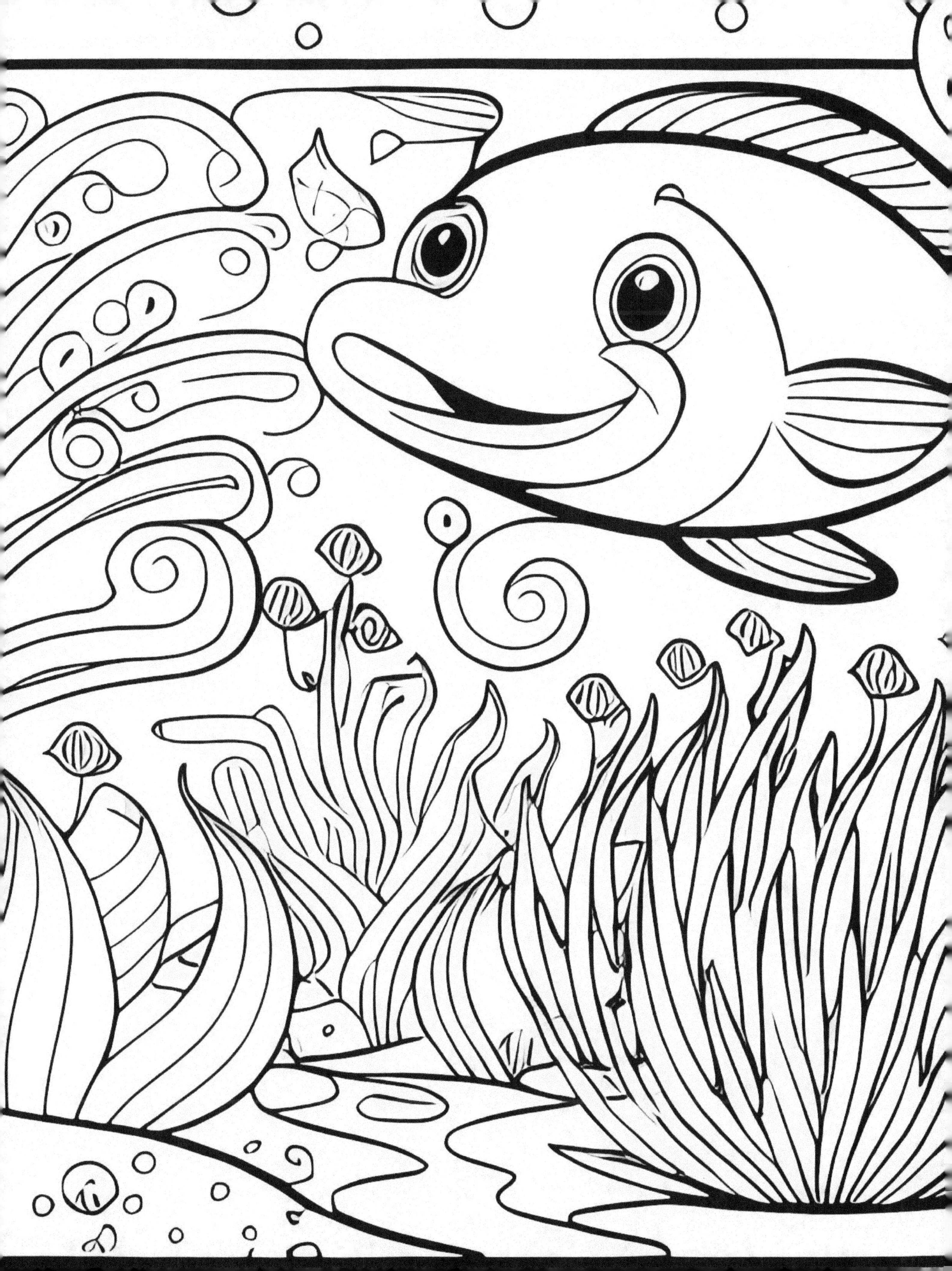

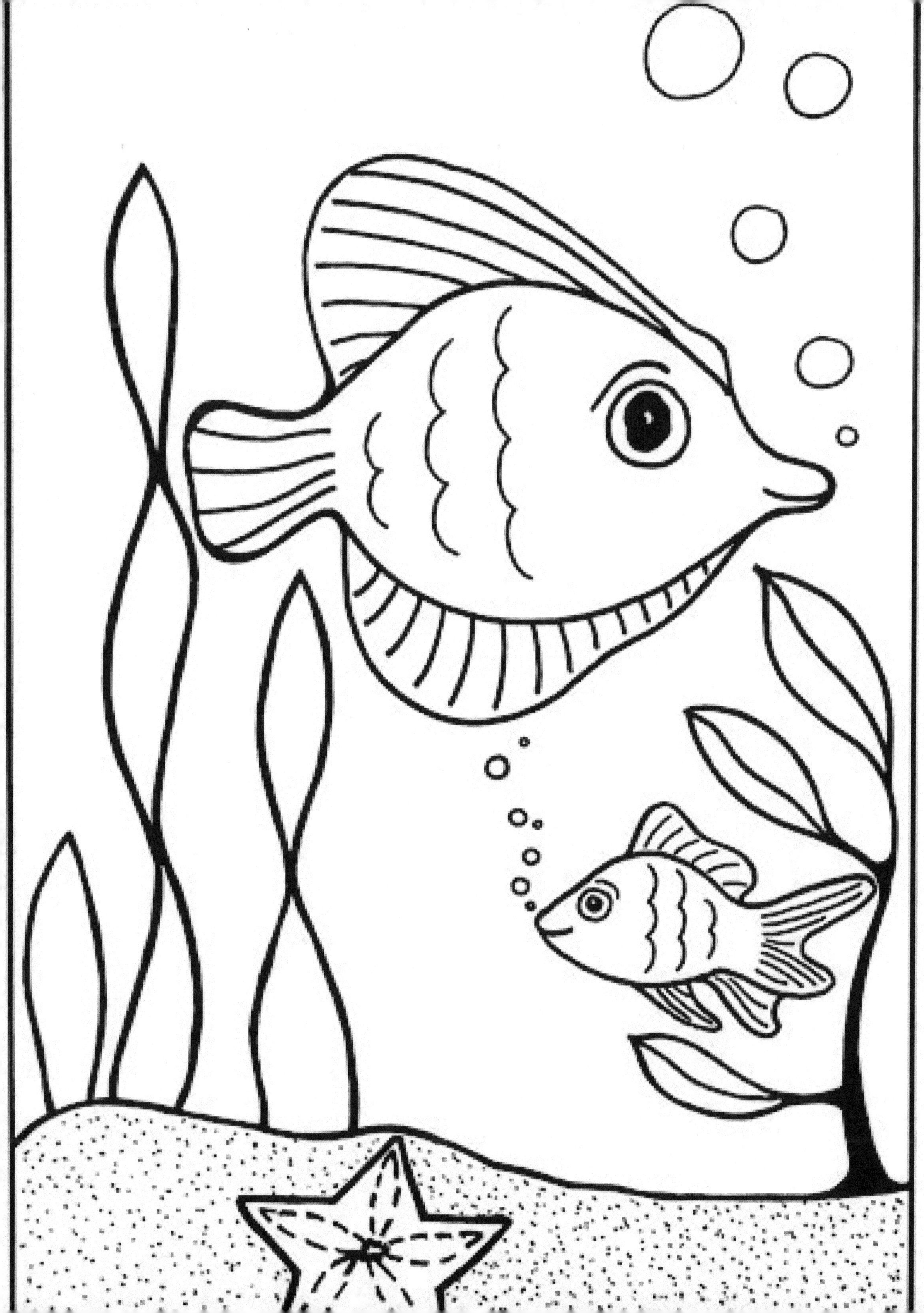

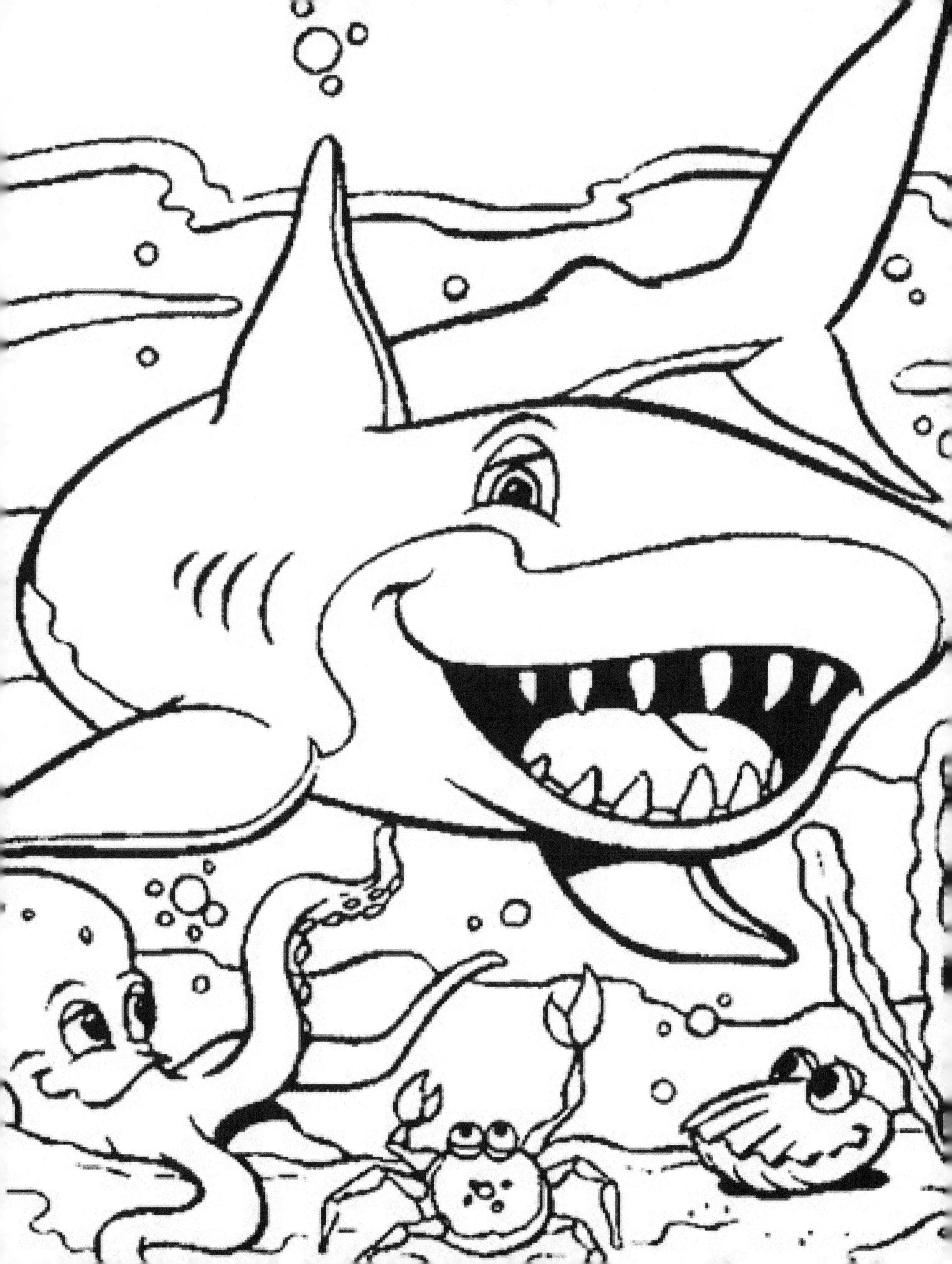

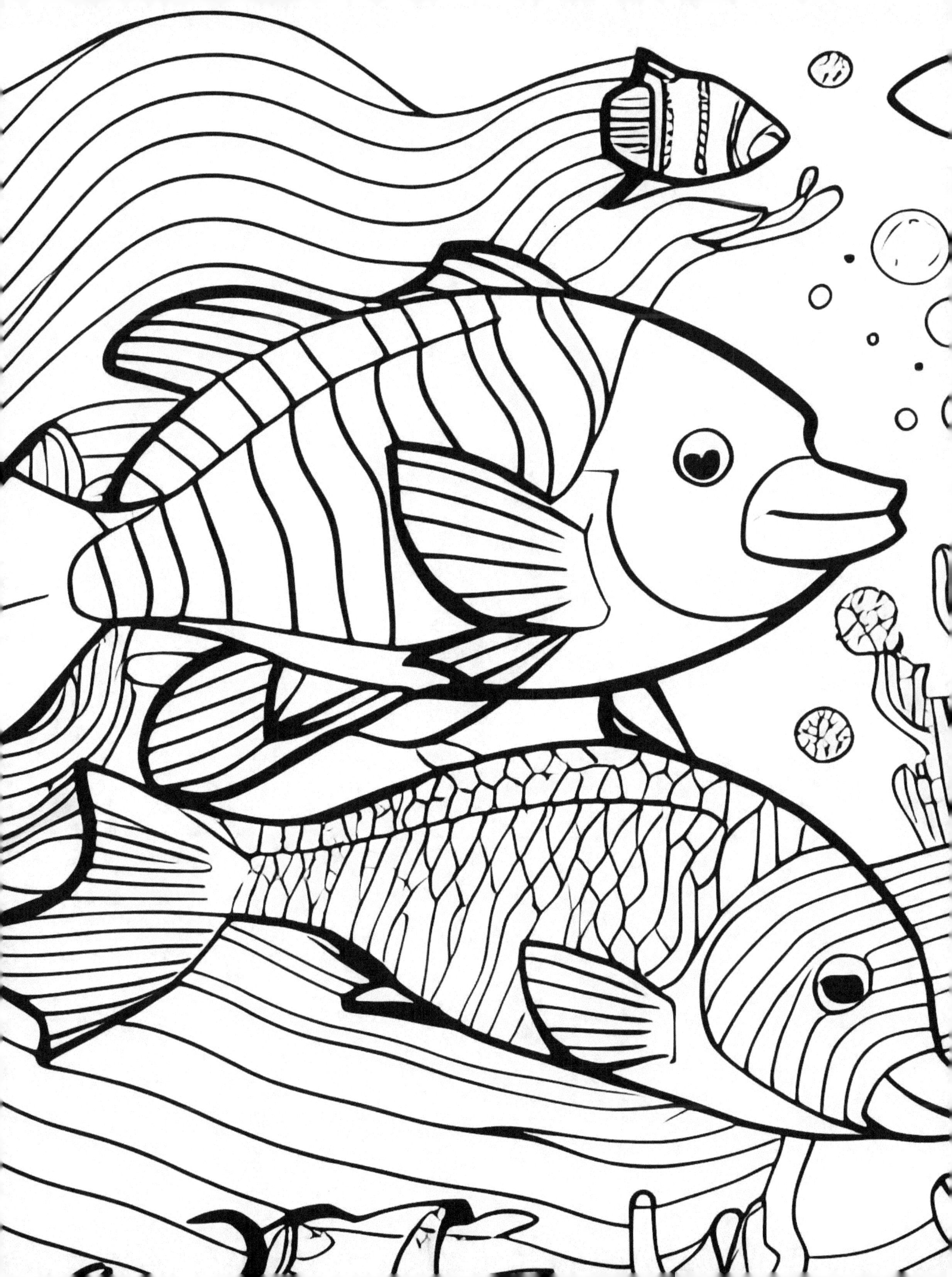

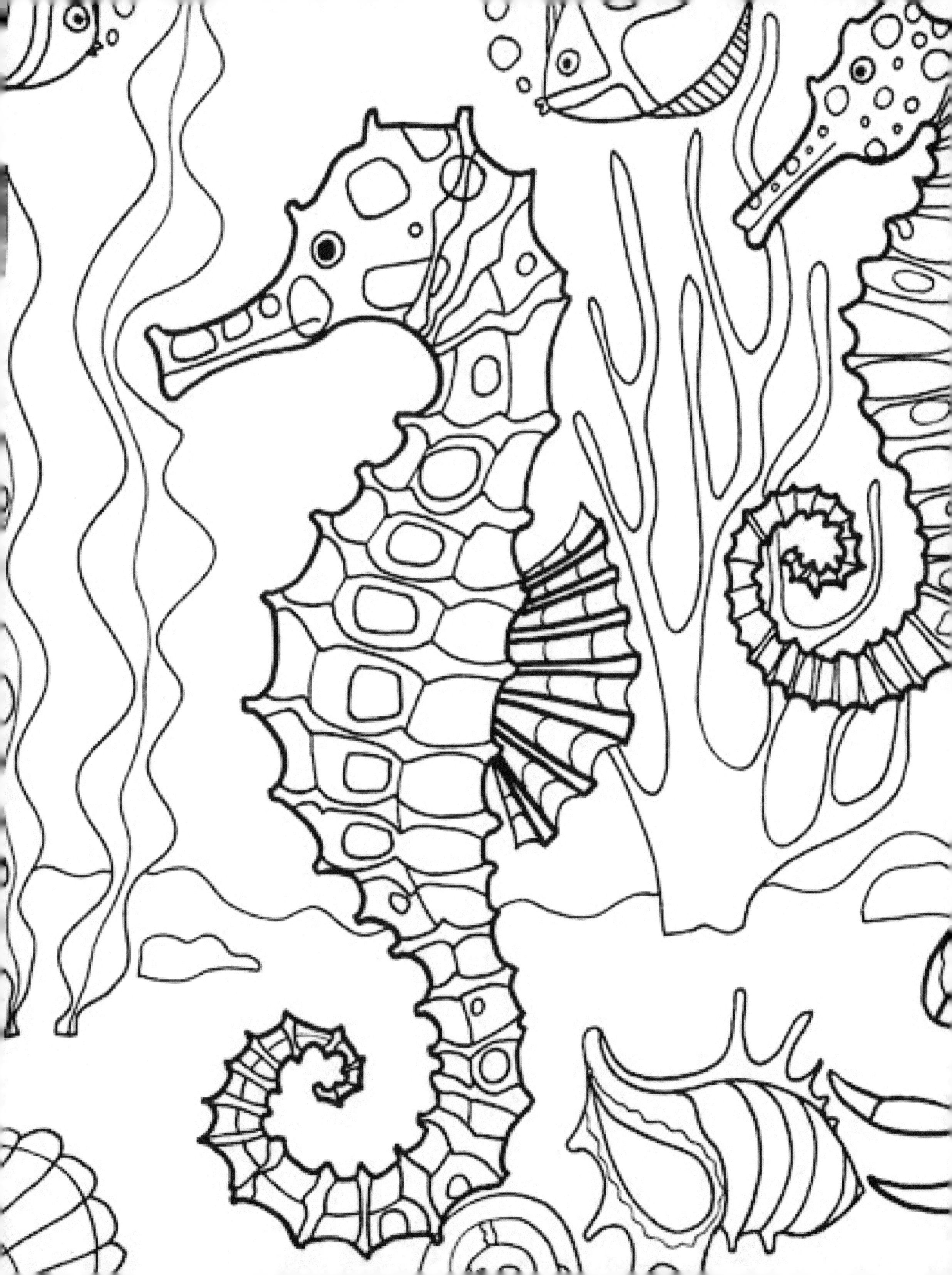

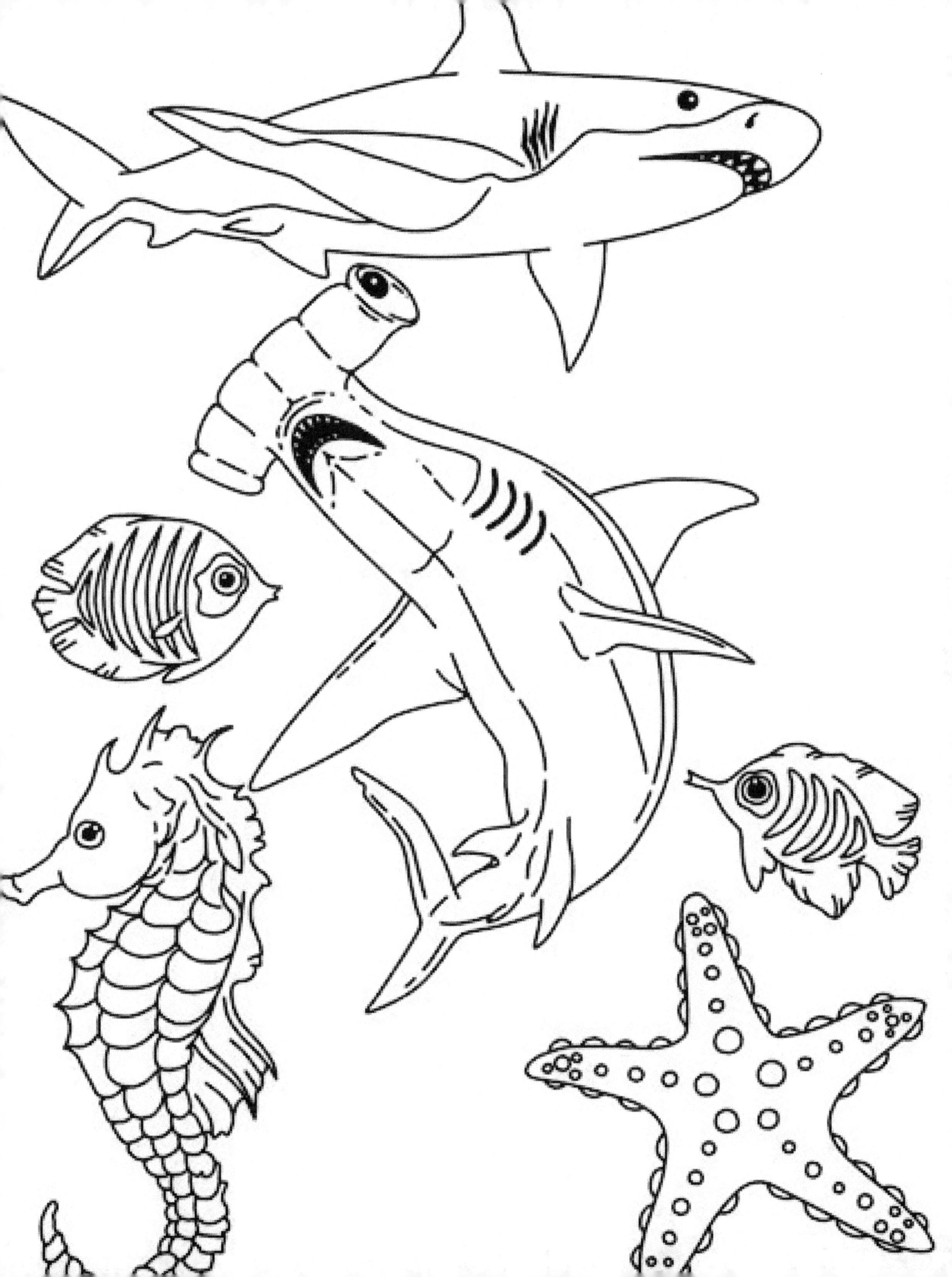

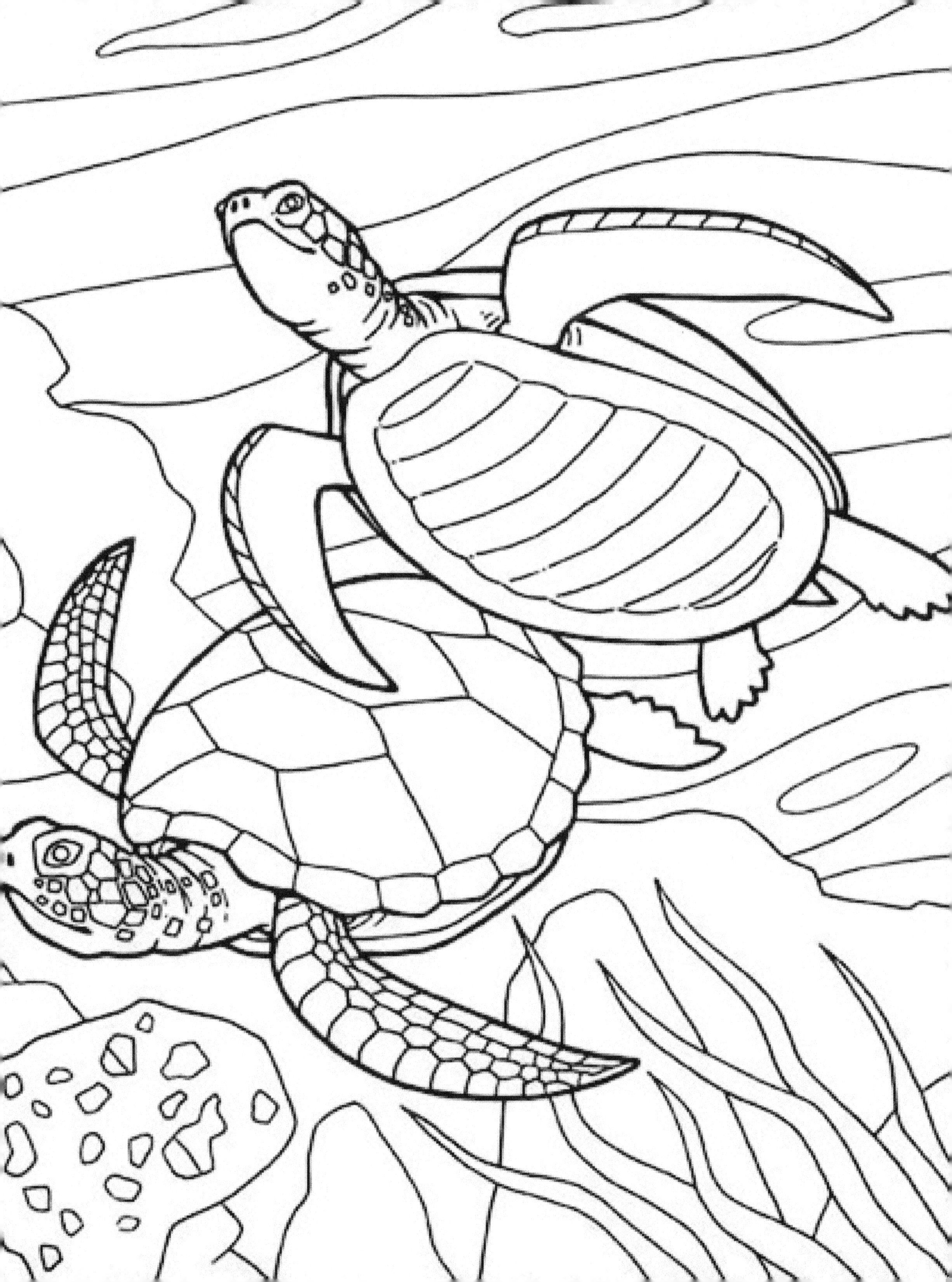

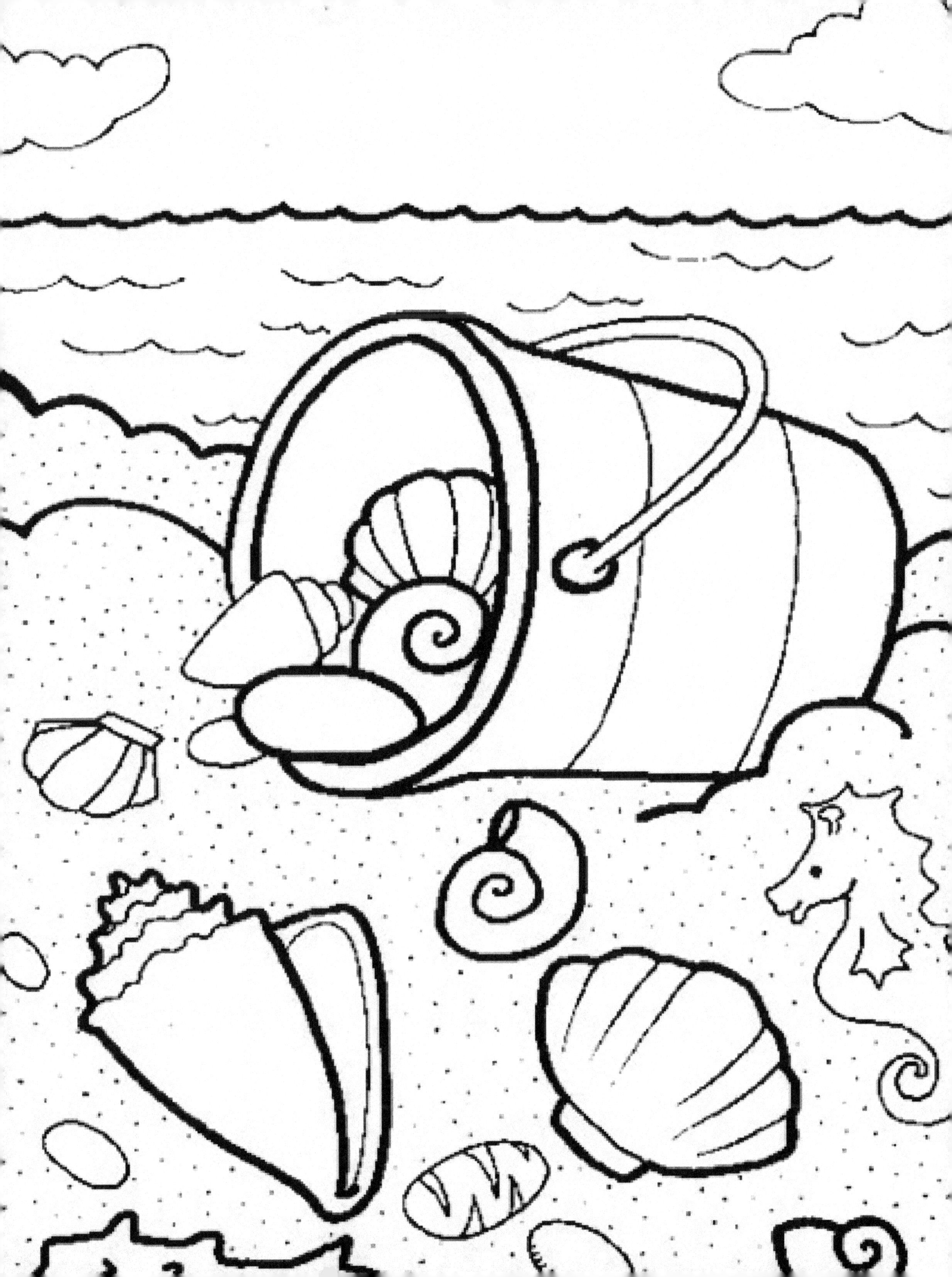

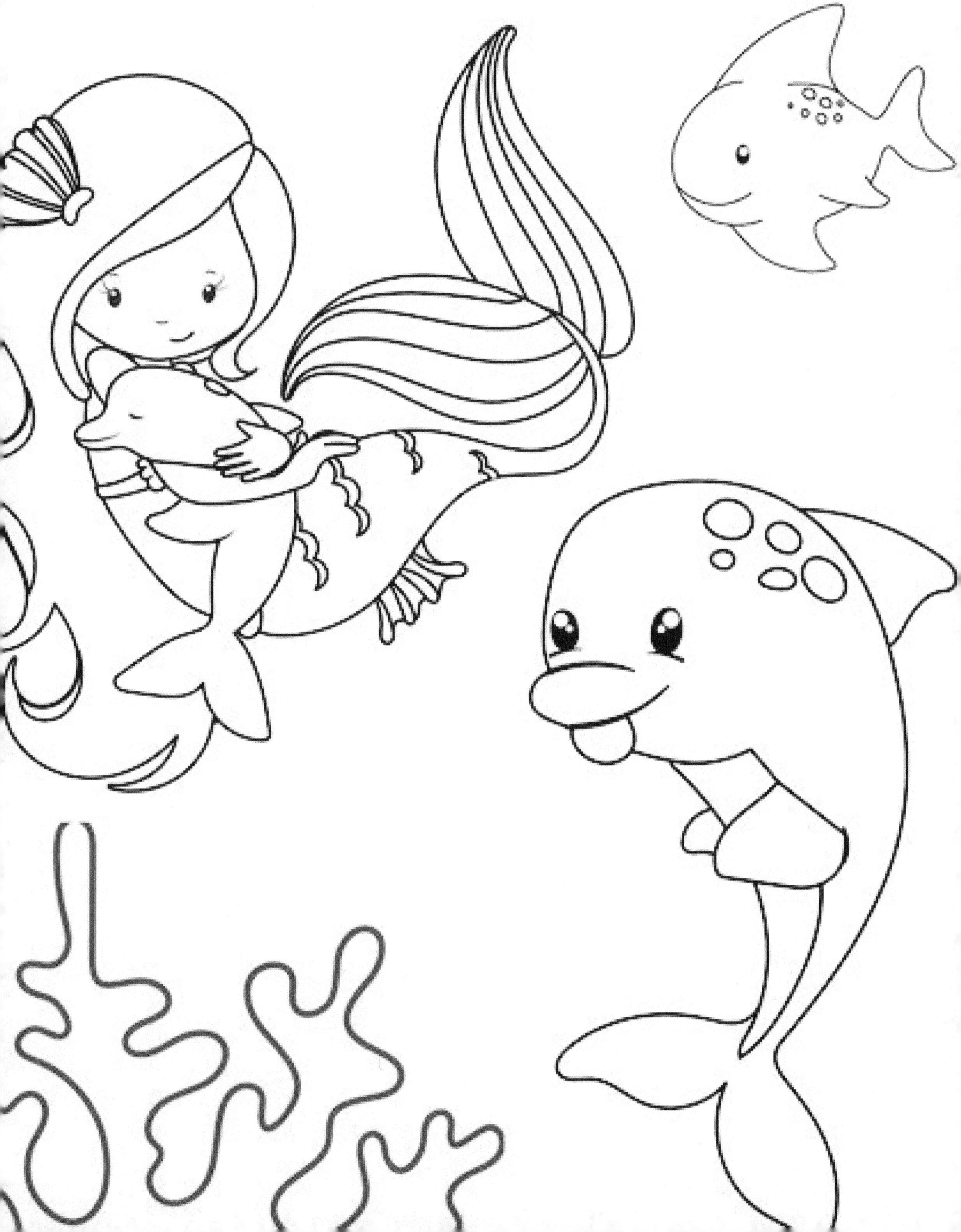

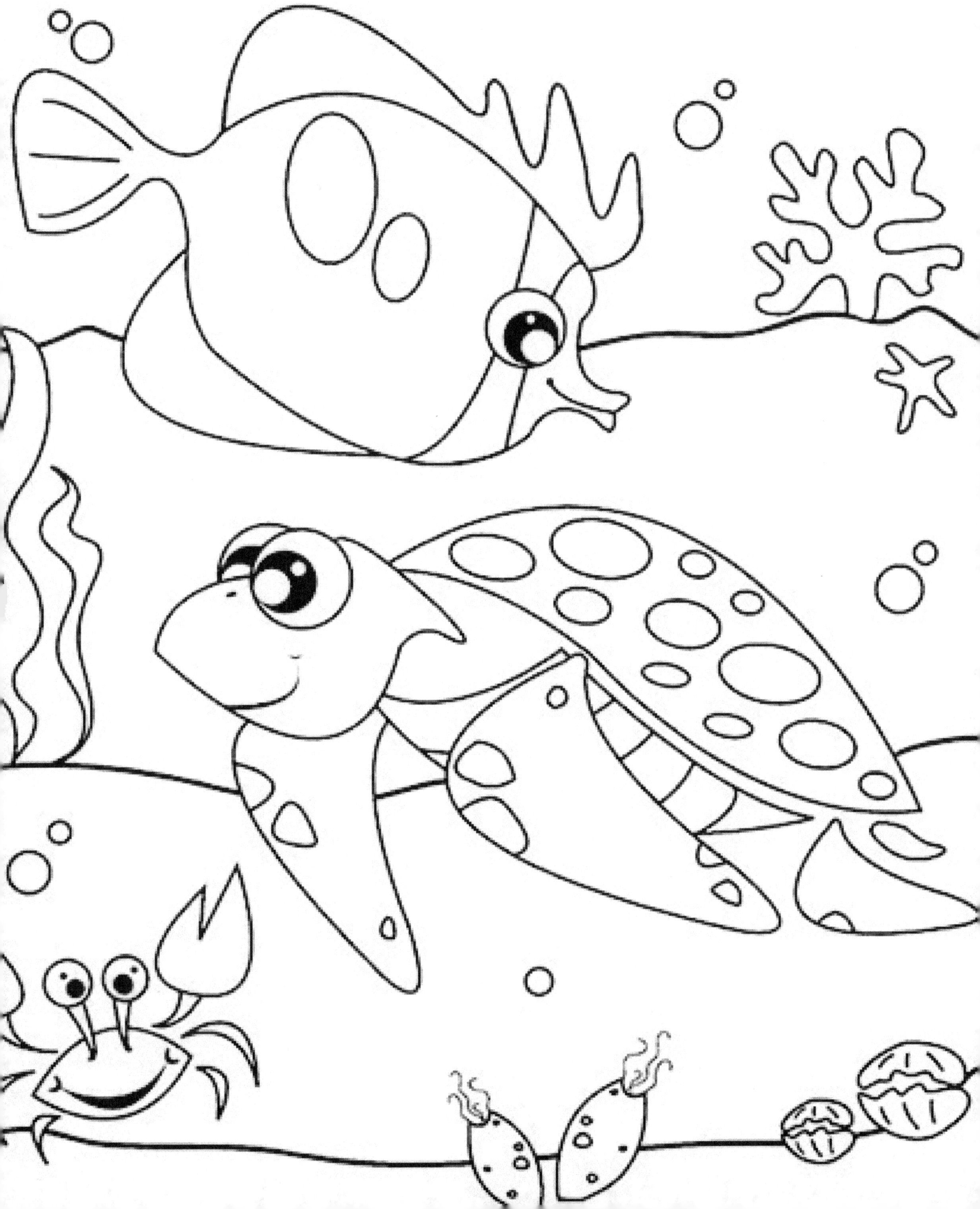

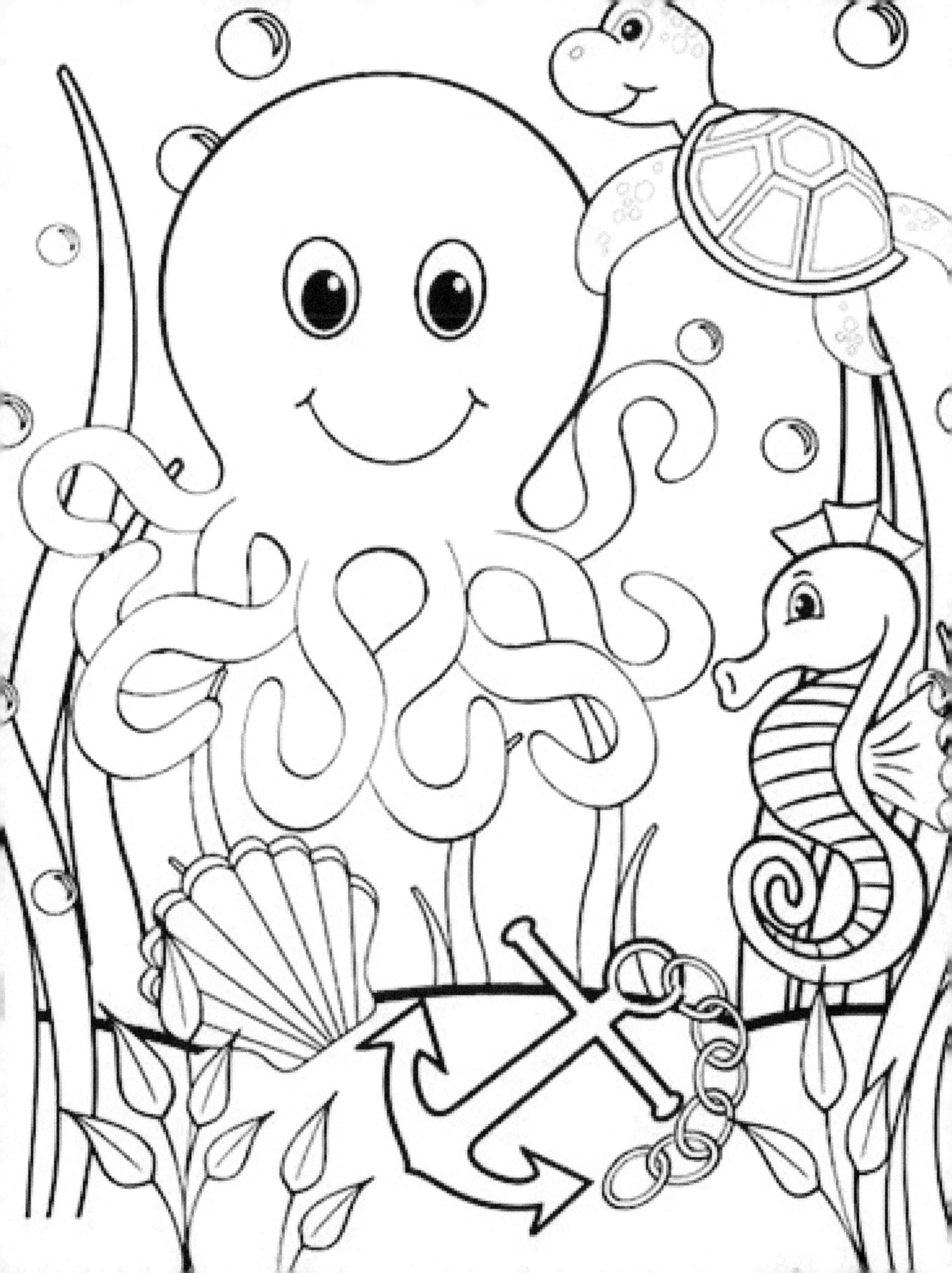

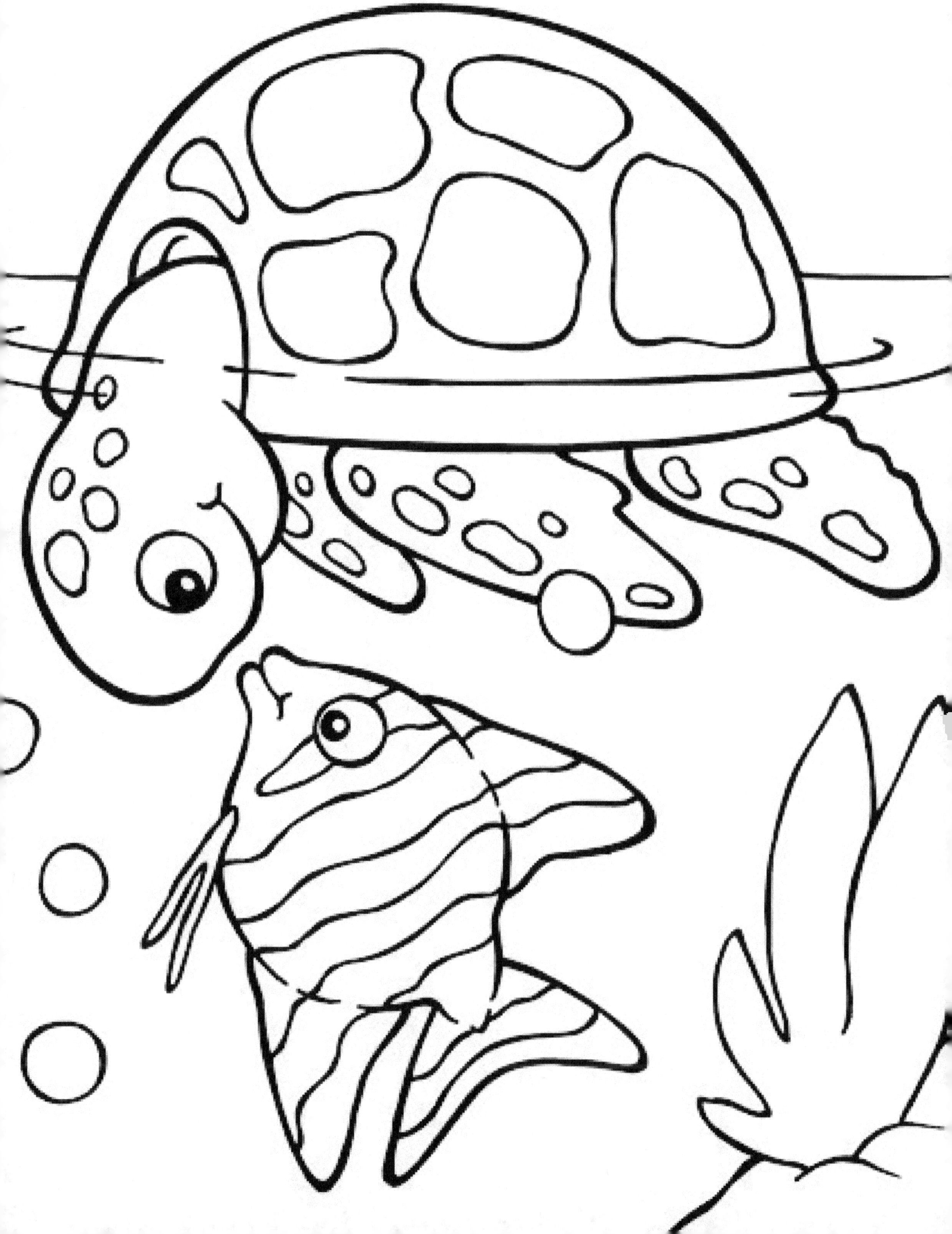

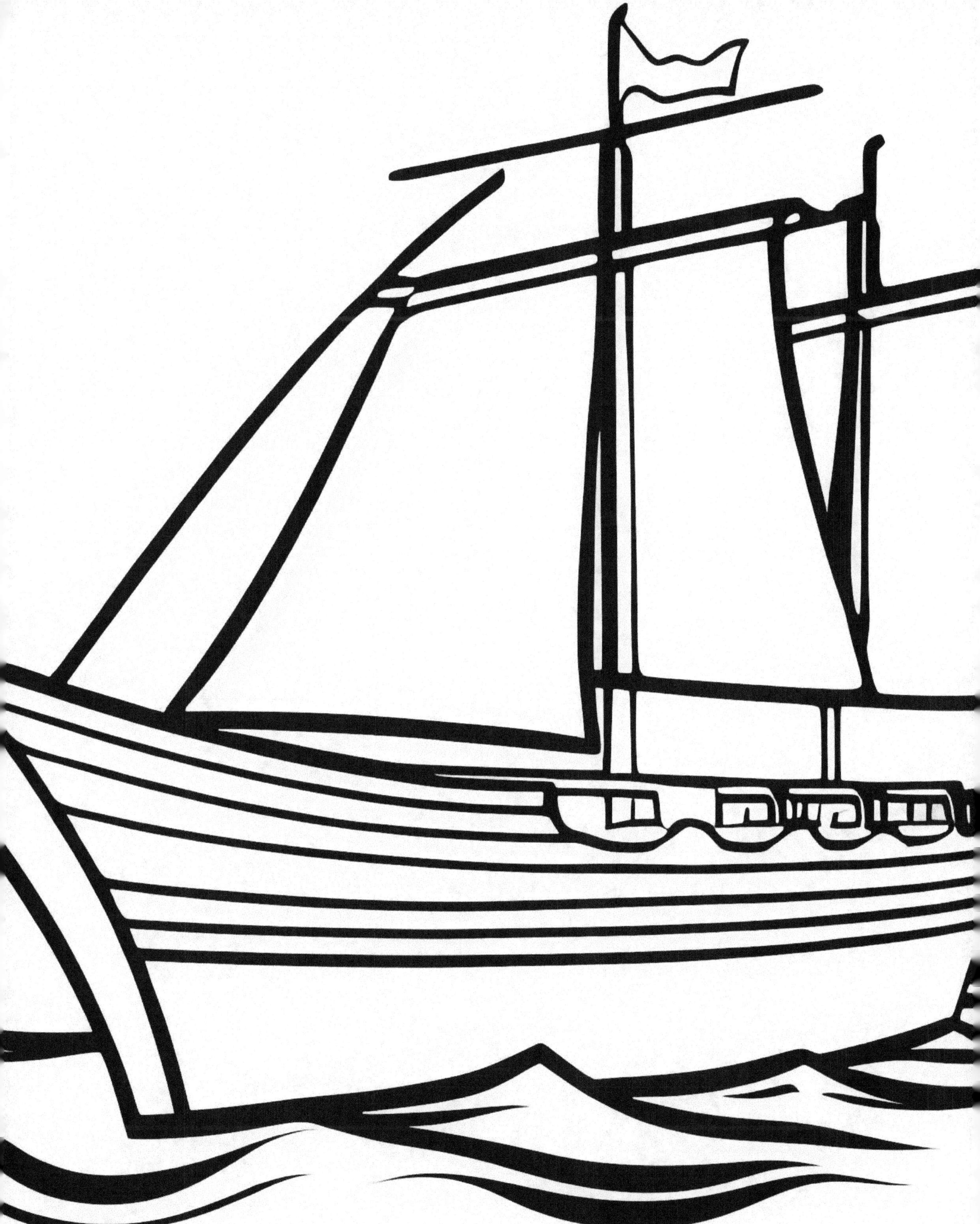

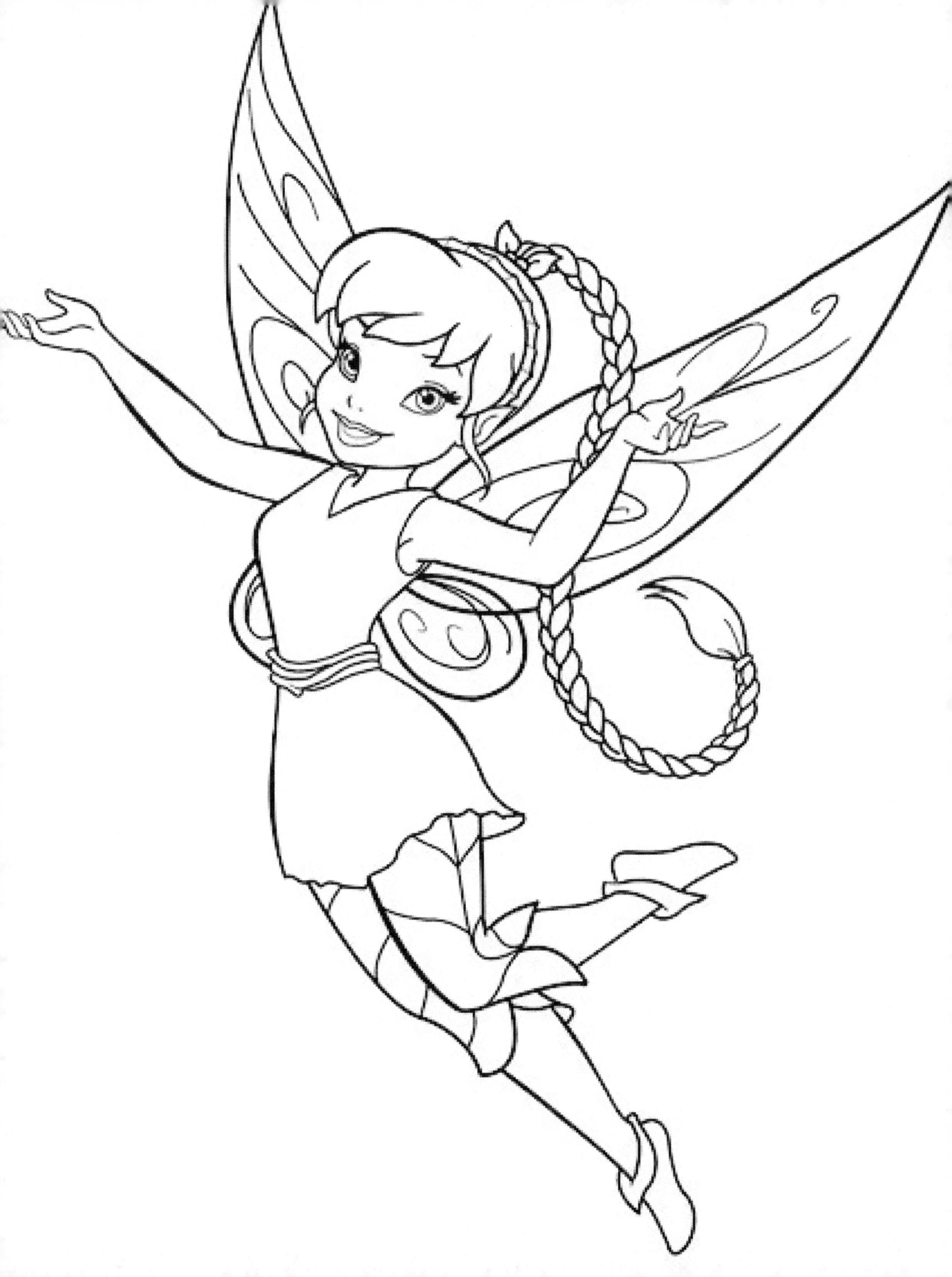

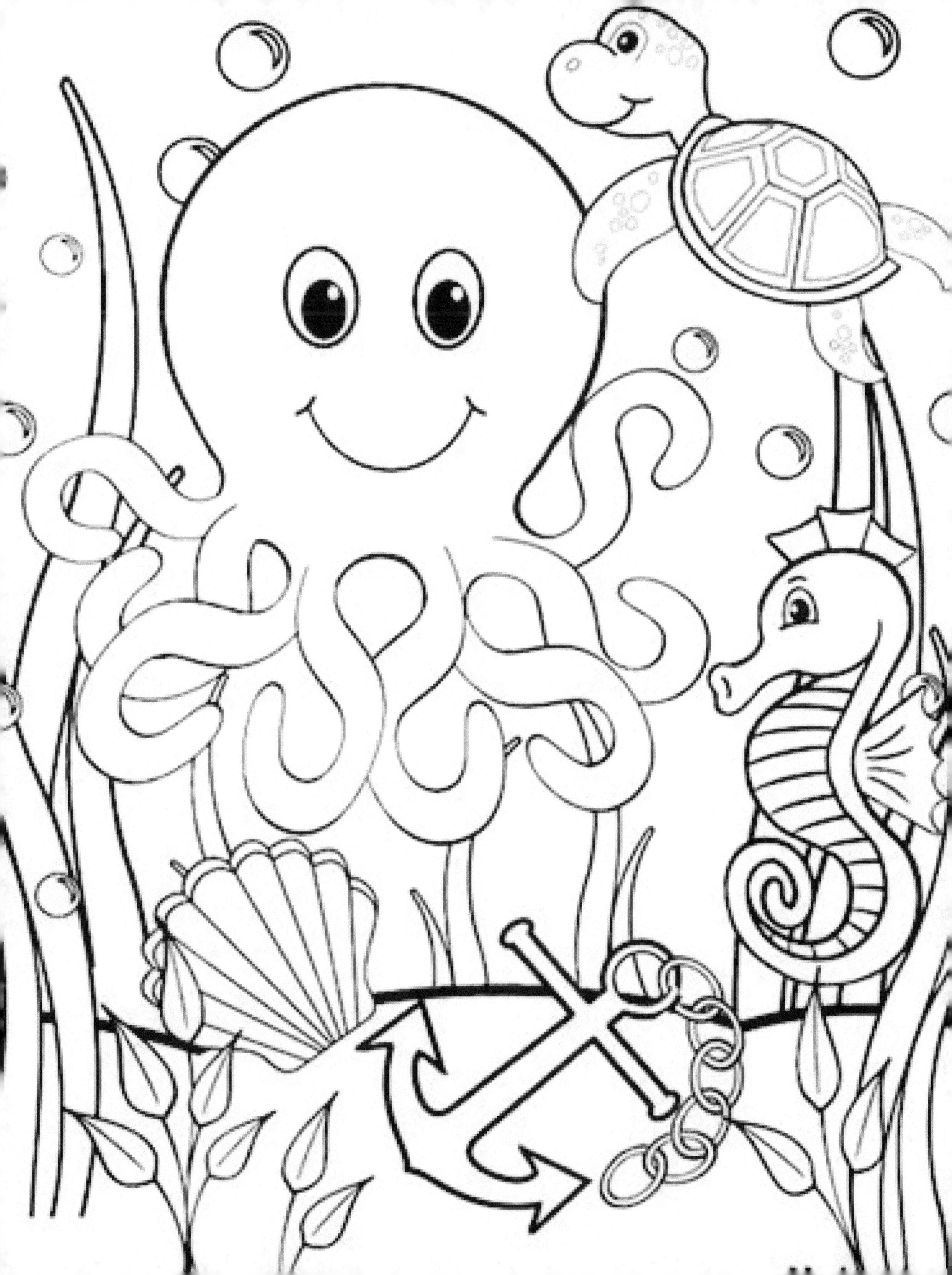

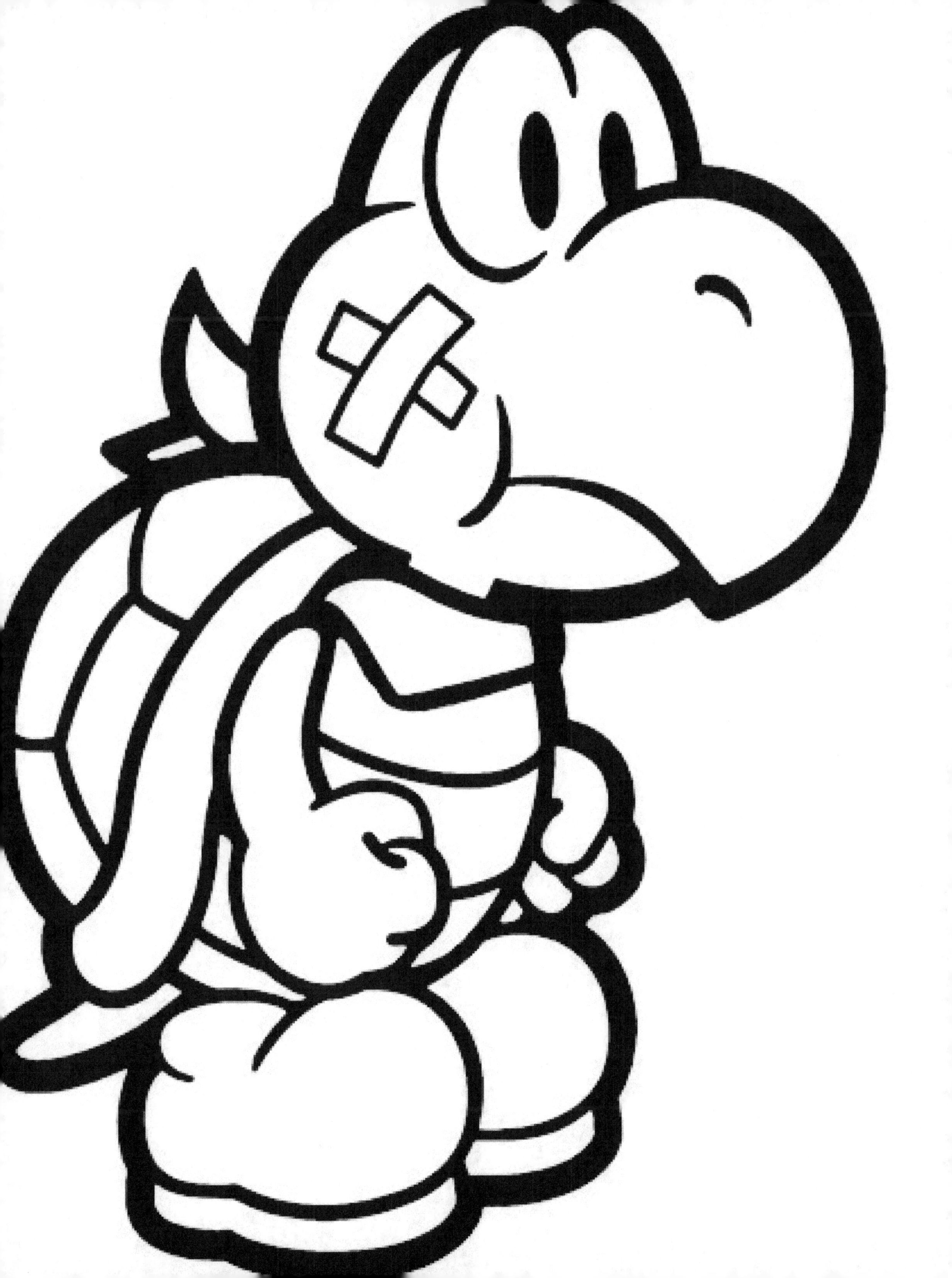

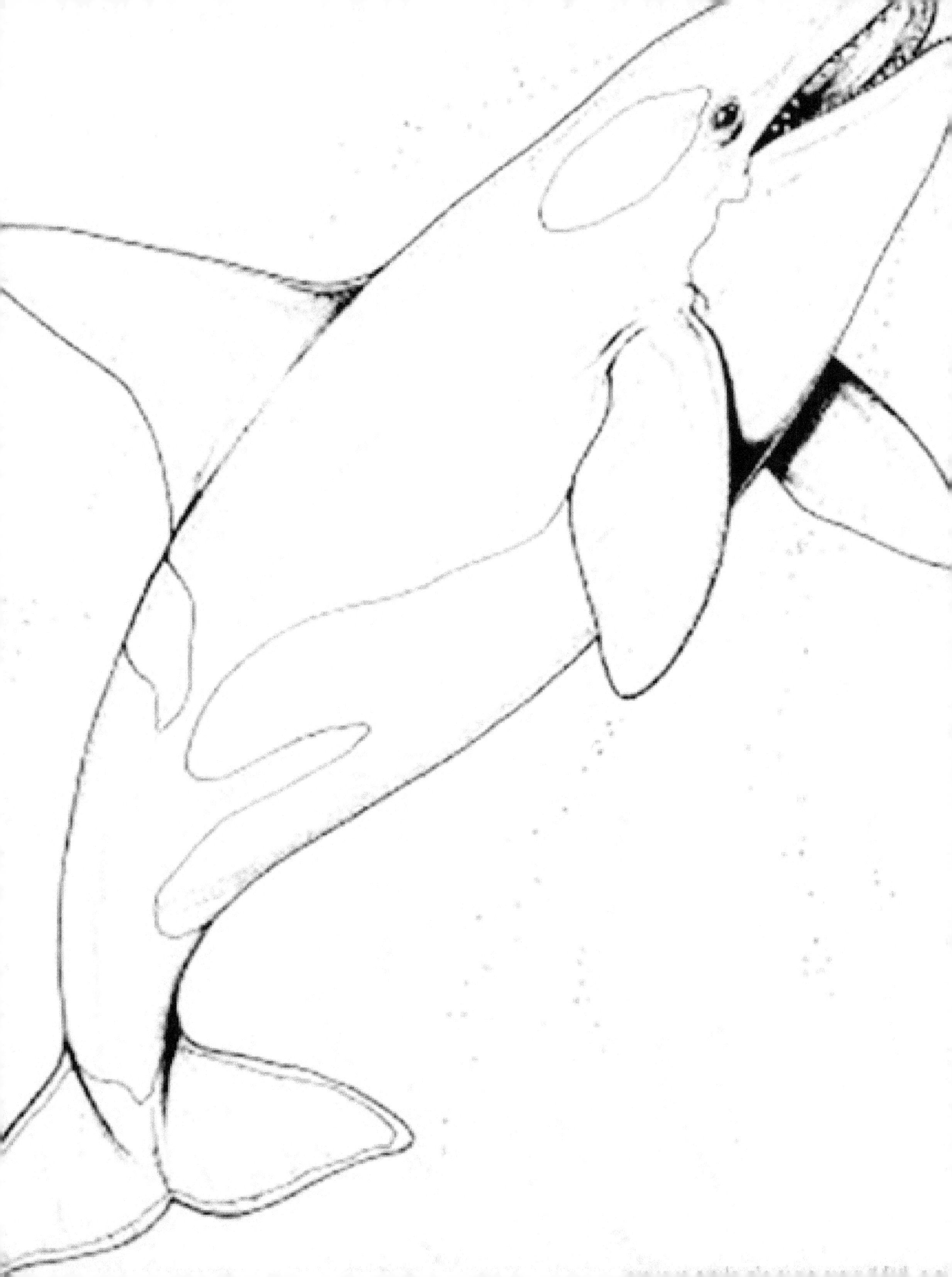

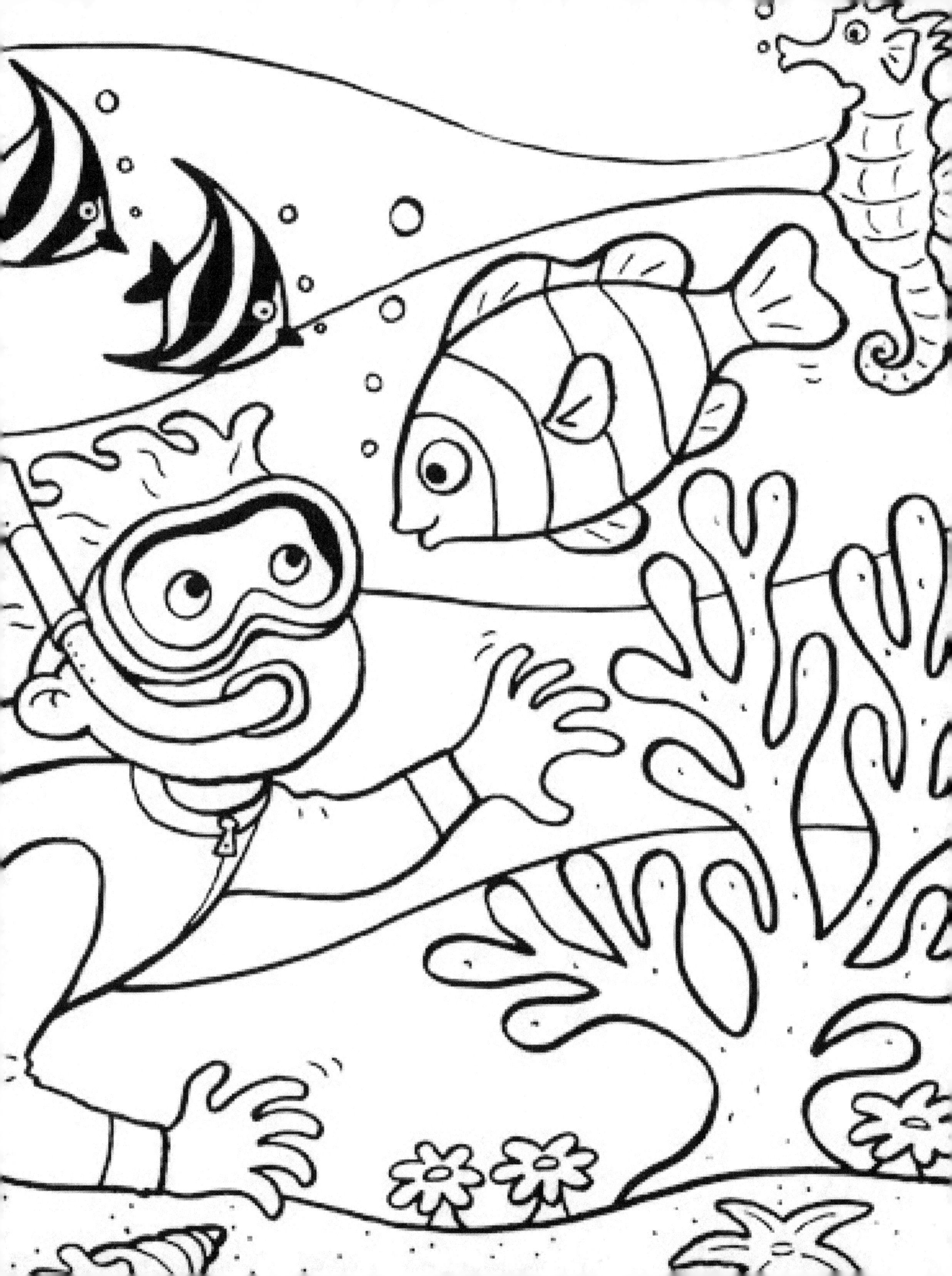

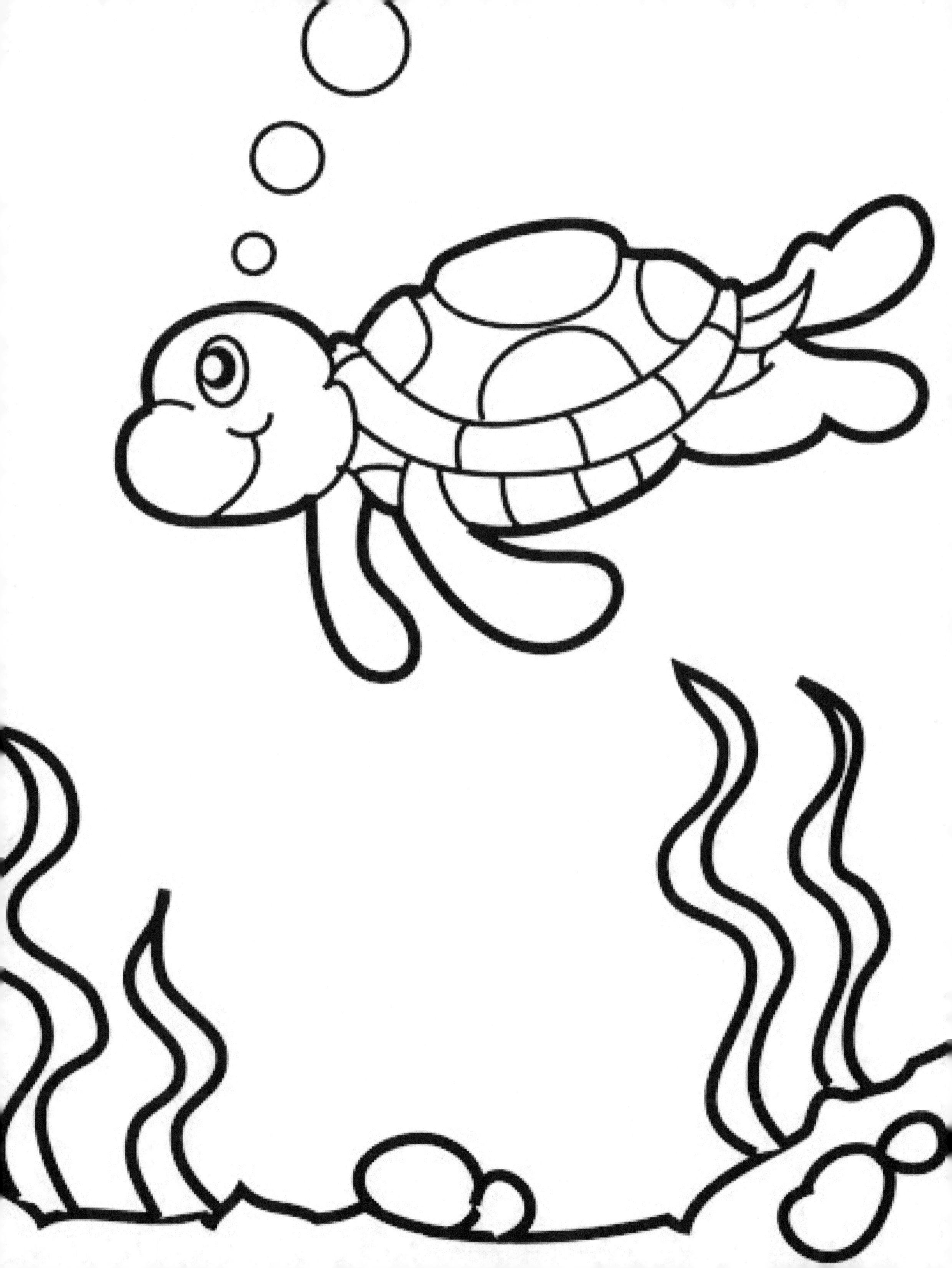

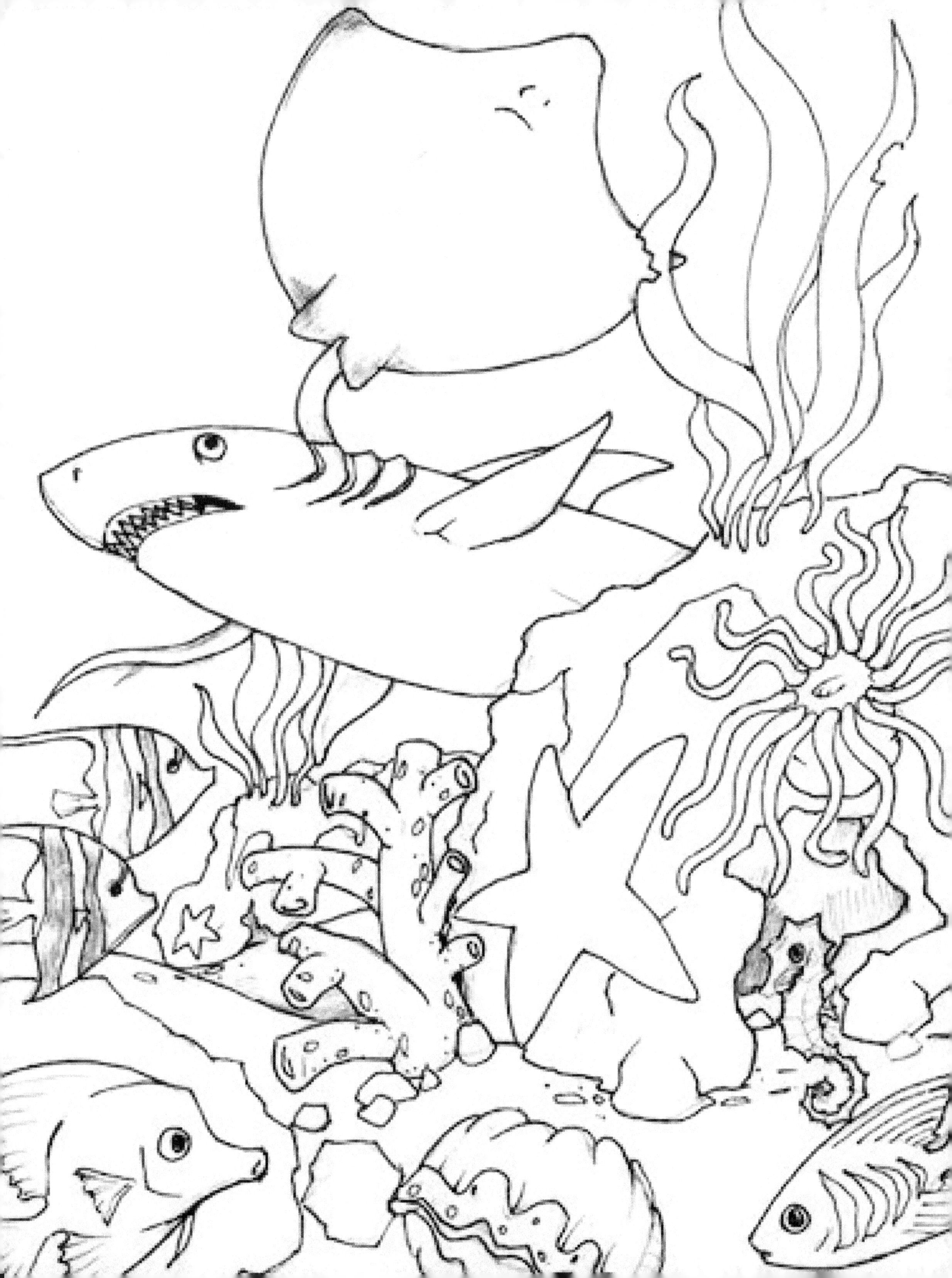

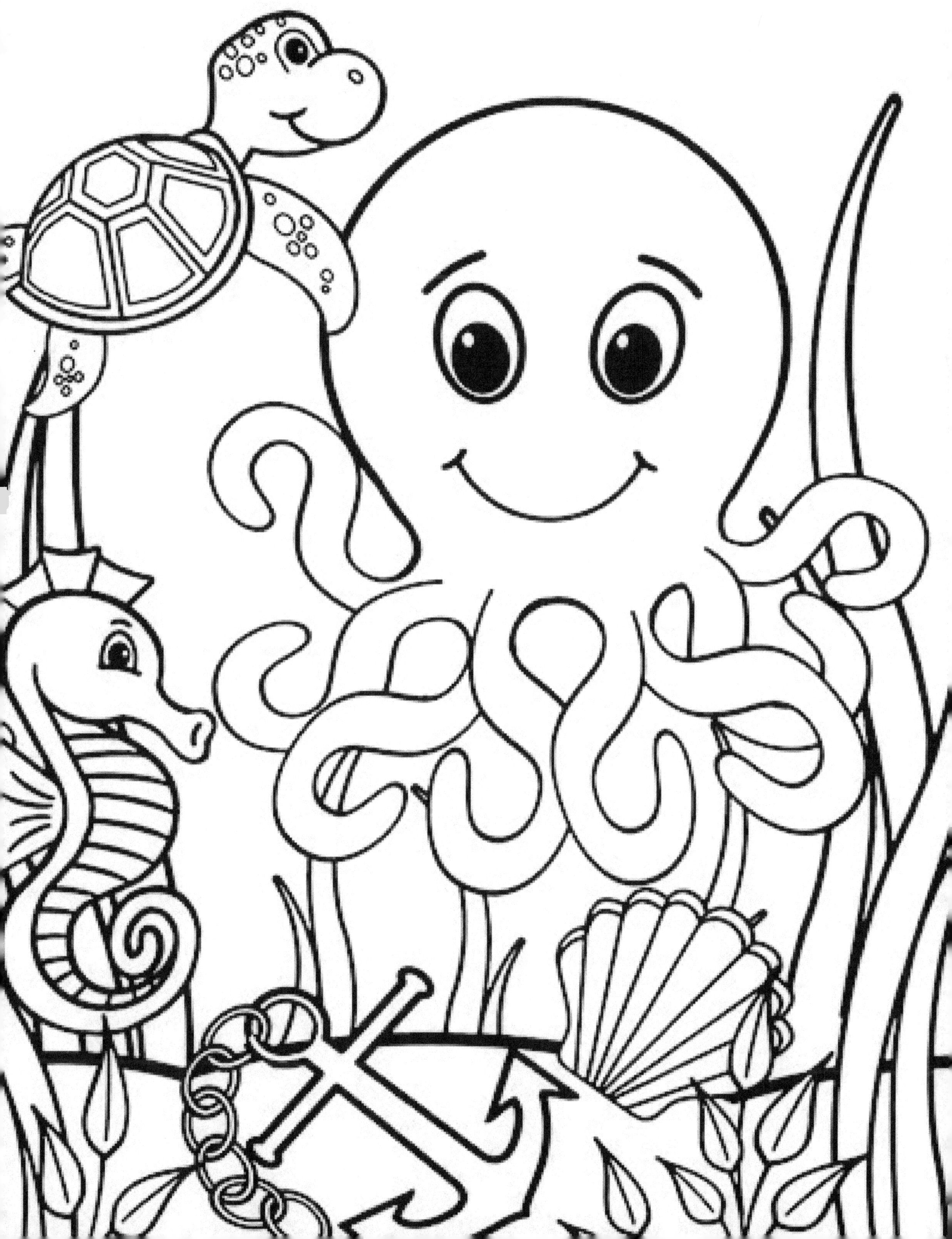

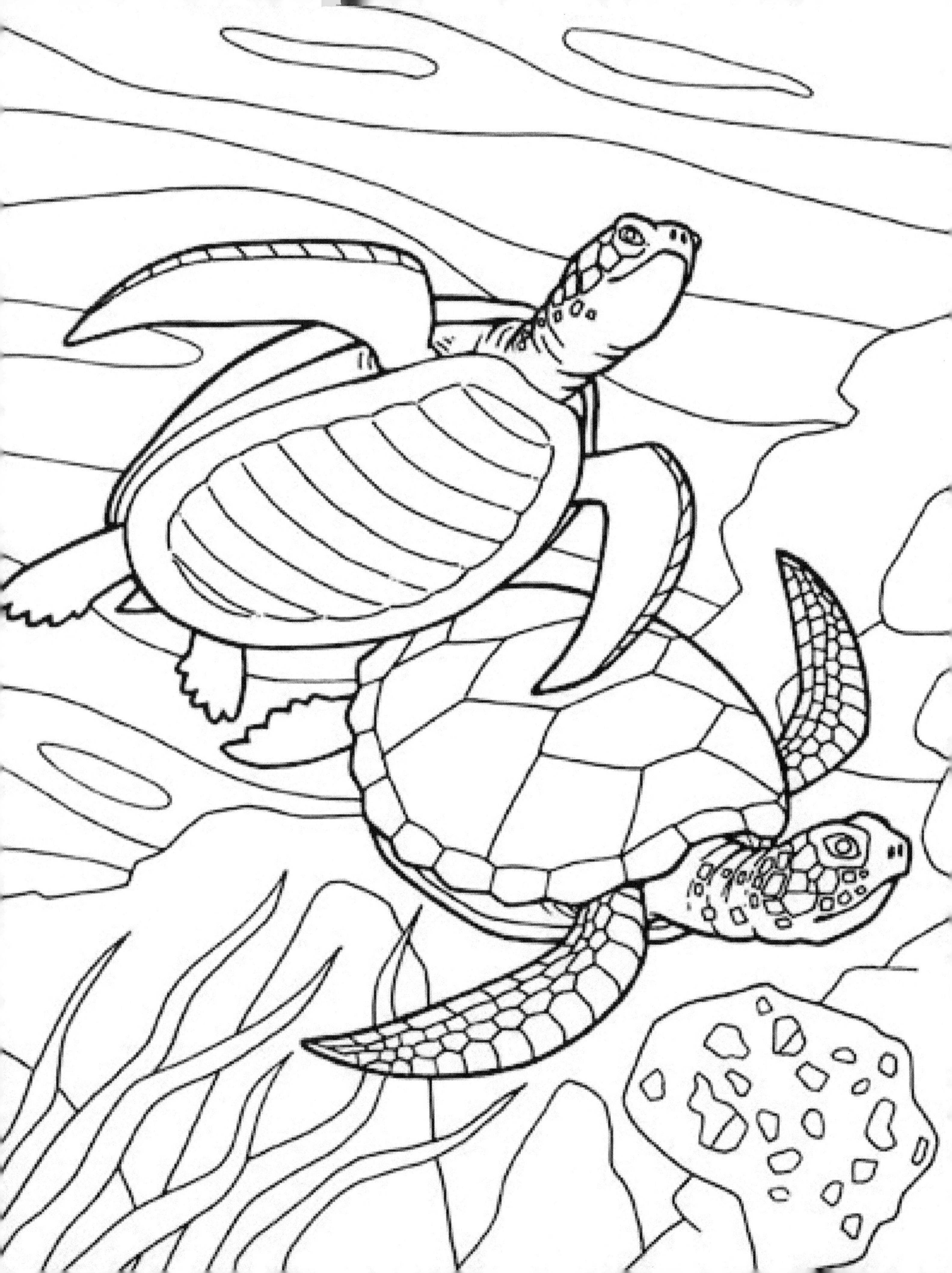

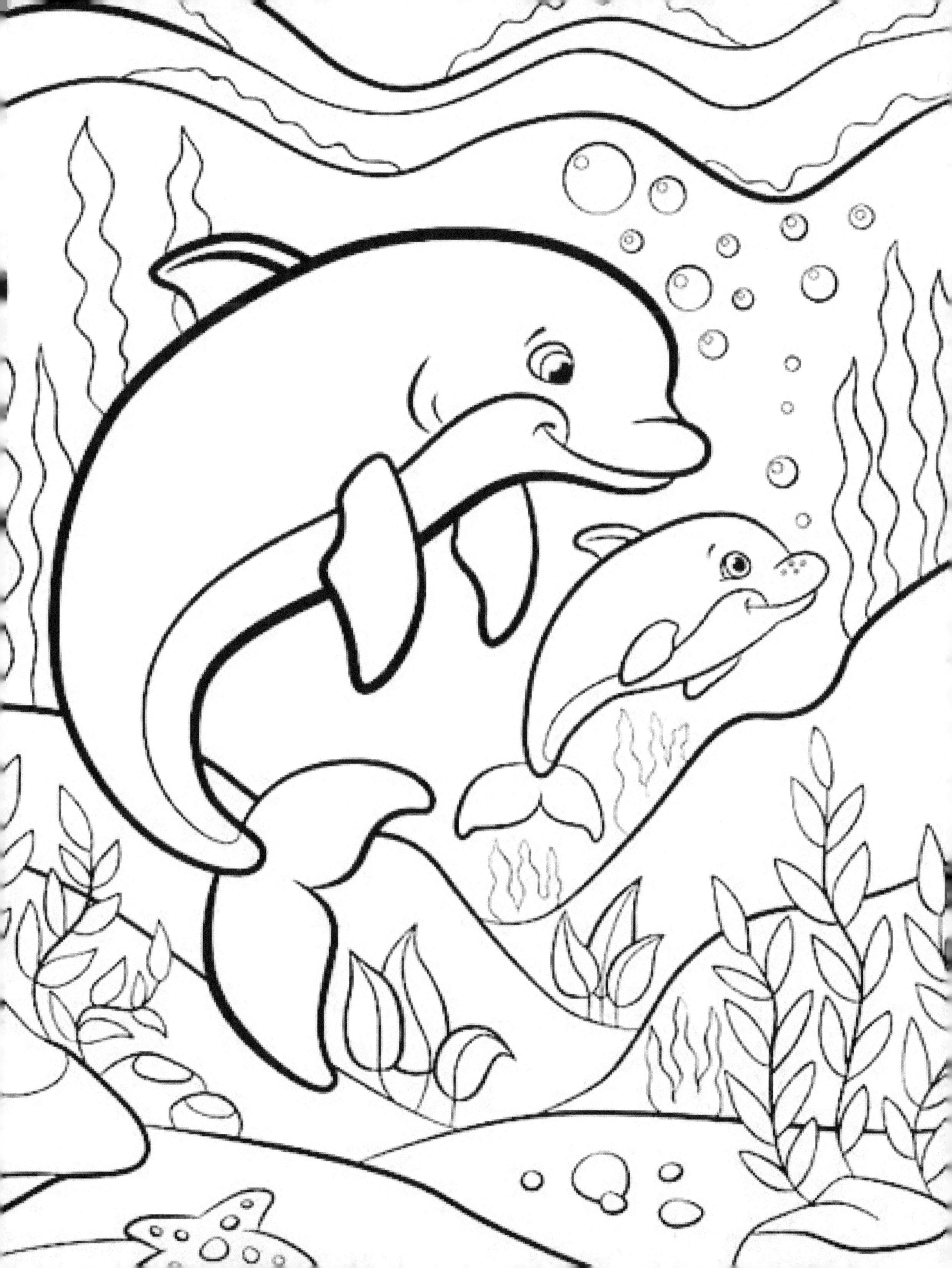

www.ingramcontent.com/pod-product-compliance
Lightning Source LLC
Chambersburg PA
CBHW082225290526
45794CB00009B/3673
* 9 7 9 8 8 6 3 8 2 0 5 6 9 *